面向人民健康
提升健康素养

相约健康百科丛书

面向人民健康
提升健康素养

相约**健康**百科丛书

主动健康系列

学校的健康密码

主编 宋逸 马军

人民卫生出版社
·北京·

丛书专家指导委员会

主 任 委 员　陈　竺
副主任委员　李　斌　于学军　王陇德　白书忠
委　　　员　（院士名单按姓氏笔画排序）
　　　　　　于金明　王　辰　王　俊　王松灵　田金洲
　　　　　　付小兵　乔　杰　邬堂春　庄　辉　李校堃
　　　　　　杨宝峰　邱贵兴　沈洪兵　张　强　张伯礼
　　　　　　陆　林　陈可冀　陈孝平　陈君石　陈赛娟
　　　　　　尚　红　周宏灏　郎景和　贺福初　贾伟平
　　　　　　夏照帆　顾东风　徐建国　黄荷凤　葛均波
　　　　　　董尔丹　董家鸿　韩济生　韩雅玲　詹启敏

丛书工作委员会

主 任 委 员　李新华
副主任委员　徐卸古　何　翔　冯子健　孙　伟
　　　　　　孙　巍　裴亚军　武留信　王　挺
委　　　员　（按姓氏笔画排序）
　　　　　　王凤丽　王丽娟　皮雪花　朱　玲　刘　彬
　　　　　　刘召芬　杜振雷　李　祯　吴　非　庞　静
　　　　　　强东昌　鲍鸿志　谭　嘉

本书编委会

主　　编　宋　逸　马　军
副 主 编　陶芳标　马迎华　张　欣
编　　者　（按姓氏笔画排序）

马　军　北京大学
马迎华　北京大学
王　莉　山西医科大学
尹小俭　上海应用技术大学
朱广荣　北京大学
刘　顺　广西医科大学
孙　莹　安徽医科大学
杨　婕　江苏省疾病预防控制中心
何鲜桂　上海市眼病防治中心
宋　逸　北京大学
宋然然　华中科技大学
张　欣　天津医科大学
张凤云　上海市疾病预防控制中心
陈亚军　中山大学
罗春燕　上海市疾病预防控制中心
胡翼飞　首都医科大学
星　一　北京大学
陶芳标　安徽医科大学
熊静帆　深圳市慢性病防治中心
潘臣炜　苏州大学

学术秘书　胡佩瑾　北京大学

陈竺院士
说健康

总 序

人民健康是现代化最重要的指标之一，也是人民幸福生活的基础。党的二十大报告明确到 2035 年建成健康中国。社会各界，尤其是全国医疗卫生工作者，要坚持以人民为中心的发展思想，把保障人民健康放在优先发展的战略位置，加快推进健康中国建设，全方位全周期保障人民健康，为实现"两个一百年"奋斗目标、实现中华民族伟大复兴的中国梦打下坚实的健康基础，为共建人类卫生健康共同体作出应有的贡献。

为助力健康中国建设，提升人民健康素养，人民卫生出版社（以下简称"人卫社"）联合相关学（协）会、平台、媒体共同策划，整合各方优势、创新传播途径，打造高质量的纸数融合立体化传播健康知识普及出版物《相约健康百科丛书》（以下简称"丛书"）。丛书通过图书、新媒体、互联网平台等全媒体，努力为人民群众提供全生命周期的健康知识服务。在深入了解丛书的策划方案、组织管理和工作安排后，我欣然接受了邀请，担任丛书专家指导委员会主任委员，主要基于以下考虑。

建设健康中国，人人享有健康。党的十八大以来，以习近平同志为核心的党中央一直高度重视、持续推动健康中国建设。2016 年党中央、国务院印发的《"健康中国 2030"规划纲要》指出，推进健康中国建设，是全面建成小康社会、基本实现社会主义现代化的重要基础，是全面提升中华民族健康素质、实现人民健康与经济社会协调发展的国家战略。健康中国的主题是"共建共享、全民健康"，共建共享是基本路径，全民健康是根本目的。人人参与、人人尽力、人人享有，实现全民健康，需要全社会共同努力。党的二十大对新时代新征程上推进健康中国建设作出新的战略部署，赋予了新的任务使命，提出"把保障人民健康放在优先发展的战略位置，完善人民健康促进政策"。丛书建设抓住了健康中国建设的核心要义。

提升健康素养，需要终身学习。健康素养是人的一种能力：它能够帮助个人获取和理解基本的健康信息和服务，并能运用其作出正确的判断和决定，以维持并促进自己的健康。2008 年 1 月，卫生部发布《中国公民健康素养——基本知识与技能（试行）》，首次以政府文件的形式界定了居民健康素养，我很高兴签发了这份文件。此后，我持续关注该工作的进展和成效。经过多年的不懈努力，我国健康素养促进工作蓬勃发展，居民健康素养水平从 2009 年的 6.48% 上升至 2021 年的 25.4%，人民健康状况和基本医疗卫生服务的公平性、可及性持续改善，主要健康指标居于中高收入国家前列，为以中国式现代化全面推进中华民族伟大复兴奠定了坚实的健康基础。健康素养需要持续地学习和养成，丛书正是致力于此。

健康第一责任人，是我们自己。2019 年 12 月，十三届全国人大常委会第十五次会议通过了《中华人民共和国基本医疗卫生与健康促进法》，该法第六十九条提出"公民是自己健康的第一责任人，树立和践行对自己健康负责的健康管理理念，主动学习健康知识，提高健康素养，加强健康管理。倡导家庭成员相互关爱，形成符合自身和家庭特点的健康生活方式。"从国家法律到健康中国战略，都强调每个人是自己健康的第一责任人。只有人人都具备了良好的健康素养，成为自己健康的第一责任人，健康中国才有了最坚实的基础。丛书始终秉持了这一理念，能够切实帮助读者承担起自己的健康责任。

接受丛书编著邀请后，我多次听取了丛书工作委员会和人卫社的汇报，提出了一些建议，并录制了"院士说健康"视频。我很高兴能以此项工作为依托，为人民健康多做些有意义的工作。丛书工作委员会和人卫社的同仁们一致认为，这件事做好了，对提高国民特别是青少年健康素养意义重大！

2022年11月，在丛书启动会议上，我提出丛书建设要做到心系于民、科学严谨、质量第一、无私奉献四点希望。2023年9月，丛书"健康一生系列"正式出版！丛书建设者们高度负责、团结协作，严谨、创新、务实地推进丛书建设，让我对丛书即将发挥的作用充满了信心，也对健康科普工作有了更多的思考。

一是健康科普工作需把社会责任放在首位。 丛书为做好顶层设计，邀请一批院士担任专家指导委员会的成员。院士们的本职工作非常繁忙，但他们仍以极高的热情投入丛书建设中，指导把关、录制视频，担任健康代言人，身体力行地参与健康科普工作。全国广大医务工作者也要积极行动起来，把社会责任放在首位，践行习近平总书记提出的"科技创新、科学普及是实现创新发展的两翼"之工作要求，把健康科学普及放在与医药科技创新同等重要的位置，防治并重，守护人民健康。

二是健康科普工作应始终心系于民。 健康科普需要找准人民群众普遍关心的健康问题，有针对性地开展工作，方能事半功倍。丛书每一个系列都将开展健康问题征集活动，"健康一生系列"收集了两万余个来自大众的健康问题，说明人民群众的健康需求是旺盛的，对专家解答是企盼的。丛书组织专家对这些问题进行了认真的整理、分析和解答，并在正式出版前后组织群众试读活动，以不断改进工作，提升质量，满足人民健康需求，这些都是服务于民的重要体现。丛书更是积极尝试应用新技术新方法，为科普传播模式创新赋能，强化场景化应用，努力探索克服健康科普"知易行难"这个最大的难题。

三是健康科普工作须坚持高质量原则。高质量发展是中国式现代化的本质要求之一。健康科普工作事关人民健康，须遵从"人民至上、生命至上"的理念，把质量放在最重要的位置，以人民群众喜闻乐见的方式，传递科学的、权威的、通俗易懂的健康知识，要在健康科普工作中塑造尊重科学、学习科学、践行科学之风，让"伪科学""健康谣言""假专家"无处遁形。丛书工作委员会、各编委会坚持了这一原则，将质量要求落实到每一个环节。

四是健康科普工作要注重创新。不同的时代，健康需求发生着变化，健康科普方式也应与时俱进，才能做到精准、有效。丛书建设模式创新也是耳目一新，比如立足不同的应用场景，面向未来健康需求的无限可能，设计了"1+N"的丛书系列开放体系，成熟一个系列就开发一个；充分发挥专业学（协）会和权威专家作用，对每个系列的分册构建进行充分研讨，提出要从健康科普"读者视角"着眼，构建具有中国特色的国民健康知识体系；精心设计各分册内容结构和具有中华民族特色的系列 IP 形象；针对人民接受健康知识的主要渠道从纸媒向互联网转移的特点，设计纸数融合图书与在线健康知识问答库结合，文字、图片、视频、动画等联动的全媒体传播模式，全方位、全媒体、全生命周期服务人民健康等。

五是健康科普工作需要高水平人才队伍。人才是所有事业的第一资源。丛书除自身的出版传播外，着眼于健康中国建设大局，建立编写团队组建、遴选与培养的系列流程，开展了编写过程和团队建设研究，组建来自全国，老、中、青结合的高水平编者团队，且每个分册都通过编写过程的管理努力提升作者的健康科普能力。这项工作非常有意义。希望未来，越来越多的卫生健康工作者能以高度的社会责任感、职业使命感，以无私奉献的精神参与到健康科普工作中，以更多更好的健康科普精品，服务人民健康。

衷心希望，通过驰而不息的建设，丛书能让健康中国、健康素养、健康第一责任人的理念深入人心，并转化为建设健康中国的重要动力，成为国民追求和促进健康的重要支撑。

衷心希望，能以大型健康科普精品丛书为依托，培养一支高水平的健康科普作者队伍，增强文化自信的建设力量，从而更好地为中华民族现代文明贡献健康力量。

衷心希望，读者朋友们积极行动起来，认真汲取《相约健康百科丛书》中的健康知识，把它们运用到自己的生活里，让自己更健康，也为健康中国建设作出每个公民的贡献！

中国红十字会会长
中国科学院院士
丛书专家指导委员会主任委员
2023 年 7 月

相约健康百科丛书 出版说明

健康是幸福生活最重要的指标，健康是1，其他是后面的0，没有1，再多的0也没有意义。提升健康素养，是提高全民健康水平最根本、最经济、最有效的措施之一。党的二十大报告要求，加强国家科普能力建设，深化全民阅读活动。习近平总书记指出，科技创新、科学普及是实现创新发展的两翼，要把科学普及放在与科技创新同等重要的位置。在这一重要指示精神的指引下，人民卫生出版社（以下简称"人卫社"）努力探索让科学普及这"一翼"变得与科技创新同样强大，进而助力创新型国家建设。经过深入调研，团结广大医学科学家、健康传播专家、学（协）会、媒体、平台，共同策划出版《相约健康百科丛书》（以下简称"丛书"）。

为了帮助读者更好地了解和使用丛书，特将出版相关情况说明如下。

一、丛书建设目标

丛书努力实现五个建设目标，即：高质量出版健康科普精品，培养优秀的健康科普团队，创新数字赋能传播模式，打造知识共建共享平台，最终提升国民健康素养，服务健康中国行动落实和中华民族现代文明建设。

二、丛书体系构建

1. 丛书各系列分册设计遵从人民至上的理念，突出读者健康需求和视角。各系列的分册设计经过多轮专家论证、读者健康需求调研，形成从读者需求入手进行分册设计的共识，更好地与读者形成共鸣，让读者愿意读、喜欢读，并能转化为自身健康生活方式和行为。

比如，丛书第一个系列"健康一生系列"，既不按医学学科分类，也不按人体系统分类，更不按病种分类，而是围绕每个人在日常生活中会遇到的健康相关问题和挑战分类。这个系列分别针对健康理念养成，到人生面临的生、老、病问题，再到每天一睁眼要面对的食、动、睡问题，最后到更高层次的养、乐、美问题，共设立 10 个分册，分别是《健康每一天》《健康始于孕育》《守护老年健康》《对疾病说不》《饮食的健康密码》《运动的健康密码》《睡眠的健康密码》《中医养生智慧》《快乐的健康密码》和《美丽的健康密码》。

2. 丛书努力构建从健康知识普及到健康行为指导的全生命周期全媒体的健康知识服务体系。依靠权威学（协）会和专家的反复多次研究论证，从读者的健康需求出发，丛书构建了"1+N"系列开放体系，即以"健康一生系列"为"1"；以不同人群、不同场景的不同健康需求或面临的挑战为"N"，成熟一个系列就开发一个系列。"主动健康系列""应急急救系列""就医问药系列""康养康复系列"，以及其他系列将在"十四五"期间陆续启动和出版。

3. 丛书建设有力贯彻落实"两翼论"精神，推动健康科普高质量创新发展。丛书除自身的出版传播外，还建立编写团队组建、遴选与培养的系列流程，开展了编写过程和团队建设研究，组建来自全国，老、中、青结合的高水平编者团队，并通过编写过程的管理努力提升作者的健康科普能力。丛书建设部分相关内容还努力申报了国家"十四五"主动健康和人口老龄化科技应对重点专项；以"《相约健康百科丛书》策划出版为基础探索全方位、立体化大众科普类图书出版新模式"为题，成功获得人卫研究院创新发展研究项目支持。

三、丛书创新特色

1. 体现科学性、权威性、严谨性。为做好丛书的顶层设计、项目实施和编写出版工作，保障科学性，成立丛书专家指导委员会、工作委员会和各分册编委会。

第十二届、十三届全国人大常委会副委员长，中国红十字会会长陈竺院士担任丛书专家指导委员会主任委员，国家卫生健康委员会副主任李斌、中国计划生育协会常务副会长于学军、中华预防医学会名誉会长王陇德院士、中国健康促进基金会荣誉理事长白书忠等担任副主任委员，三十余位院士应邀担任委员。专家们积极做好丛书顶层设计、指导把关工作，录制"院士说健康"视频，审阅书稿，甚至承担具体编写工作……他们率先垂范，以极高的社会责任感投入健康科普工作，为全国医务工作者参与健康科普工作树立了榜样。

人民卫生出版社、中国健康促进基金会、中国计划生育协会、中华预防医学会、中国科普研究所、全国科学技术名词审定委员会、健康报社、新华网客户端《新华大健康》等机构负责健康科普工作的领导和专家组成了丛书工作委员会，并成立了丛书工作组，形成每周例会、专题会、组建专班等工作机制，确保丛书建设的严谨性和高质量推进。

各系列各分册编委会均由相关学（协）会、医学院校、研究机构等领域具有卓越影响力的专家组成。专家们面对公众健康需求迫切，但优秀科普作品供给不足、科普内容良莠不齐的局面，均以极大的热忱投入丛书建设与编写工作中，召开编写会、审稿会、定稿会等各类会议，对架构反复研究，对内容精益求精，对表达字斟句酌，为丛书的科学性、权威性和严谨性提供了可靠保证。

2. 彰显时代性、人民性、创新性。习近平总书记在文化传承发展座谈会上发表重要讲话，强调"在新的起点上继续推动文化繁荣、建设文化强国、建设中华民族现代文明，是我们在新时代新的文化使命"。丛书以"同中国具体实际相结合、同中华优秀传统文化相结合"理念为指导，彰显时代性、人民性、创新性。

丛书高度重视调查研究工作，各个系列都会开展面向全社会的问题征集活动，并将征集到的问题融入各个分册。此外，在正式出版前后都专门开展试读工作，以了解读者的真实感受，不断调整、优化工作思路和方法，实现内容"来自人民，根植人民，服务人民"。

在丛书整体设计和 IP 形象设计中，力求用中国元素讲好中国健康科普故事。丛书在全程管理方面始终坚持创新，在书稿撰写阶段，即采用人卫投审稿平台数字化编写方式，从源头实现"纸数融合"。在图书编写过程中，同步建设在线知识问答库。在图书出版后，实现纸媒、电子书、音频、视频同步传播，为不同人群的不同健康需求提供全媒体健康知识服务。

3. 突显全媒性、场景性、互动性。丛书采取纸电同步方式出版，读者可通过数字终端设备，如电脑、手机等进行阅读或"听书"；同时推出配套数字平台服务，读者可通过图书配套数字平台搜索健康知识，平台将通过文字、语音、直播等形式与读者互动。此外，丛书通过对内容的数字化、结构化、标引化，建立与健康场景化语词的映射关系，构建场景化知识图谱，利用人们接触的各类健康数字产品，精准地将健康知识推送至需求者的即时应用现场，努力探索克服健康科普"知易行难"这个最大的难题。

四、丛书的读者对象、内容设计和使用方法

参照《中国公民健康素养 66 条》锁定的目标人群，丛书读者对象定为接受九年义务教育及具备以上文化水平的人群，采用问答形式编写，重点选择大众日常生活中"应知道""想知道""不知道"和"怎么办"的问题。丛书重在解决"怎么办"，突出可操作性，架起大众对"预防为主"和"一般健康问题"从"为什么"到"怎么办"的桥梁，助力从"以治病为中心"向"以健康为中心"转变。

丛书是一套适合普通家庭阅读、查阅和收藏的健康科普书，覆盖日常生活中会遇到的常见健康问题。日常阅读，可以有效提升健康素养；遇到健康问题时查阅对应内容，可以达到答疑解惑、排忧解难的目的。此外，丛书还配有丰富的富媒体资源，扫码观看视频即可接收来自专家针对具体健康问题的进一步讲解。

《庄子·内篇·养生主》提醒我们："吾生也有涯，而知也无涯，以有涯随无涯，殆已！"如何有效地让无穷的医学知识转化为有限的健康素养，远远不止"授人以渔"这么简单，这需要以大型健康科普精品出版物为依托，培养一支高水平的健康科普作者队伍；需要积极推进相关领域教育、科技、人才三位一体发展，大力弘扬科学精神和科学家精神；还需要社会各界积极融健康入万策，并在此基础上努力建设健康科学文化，增强文化自信的建设力量，从而更好地为中华民族现代文明建设贡献健康力量。

衷心感谢丛书建设者们和读者们的大力支持，让我们共同努力，为健康中国建设和中华民族现代文明建设作出力所能及的贡献。

丛书工作委员会

2023 年 7 月

前　言

儿童青少年阶段是人一生中继婴幼儿时期之后又一个关键时期，在此阶段得到良好发展能够为成年后的健康打下坚实基础，因此，促进儿童青少年健康对于提高生命全程健康水平至关重要，更进一步关系着国家的繁荣与社会的和谐。学校是儿童青少年成长的重要舞台，是他们学习知识、塑造品格、发展能力的主要场所，学校所提供的物质和社会情感环境、健康服务以及健康教育的质量，无疑对儿童青少年的身心健康起着举足轻重的作用。将健康理念融入学校的各种场景、各个角落，是教育和卫生工作者共同的努力方向。

当前，中国儿童青少年生理健康发展已处于较高水平，但也面临着更加多元化的挑战：儿童青少年超重和肥胖发生率快速上升，同时蛋白质-热量不足和多种营养素缺乏的营养不足问题也仍然存在；近视率居高不下并且呈现低龄化的趋势，成为关系到国家安全和民族未来的重大公共卫生问题；运动不足和姿势不良等因素引起越来越多的脊柱健康问题；心理健康问题日益凸显；等等。如何认识儿童青少年常见的健康问题、对于这些健康问题有哪些预防方法和应对方案，是学校教职员工、学生以及每一个关心儿童青少年健康成长的人都热切关注的。本书涵盖了健康生活习惯养成、学校营养配餐和食品卫生、近视预防和校园良好视觉环境建设、脊柱弯曲异常预防、校园环境和集体活动安全、校园暴力和欺凌应对、网络成瘾预防、网络风险防范、学生心理健康等内容，以期向关注儿童青少年健康的人们传递科

乔杰院士
说健康

学可行、操作简单、实用性强的健康知识和技能。

作为《相约健康百科丛书》"主动健康系列"的分册之一，本书由来自北京大学、安徽医科大学、天津医科大学、山西医科大学、上海应用技术大学、广西医科大学、江苏省疾病预防控制中心、上海市眼病防治中心、华中科技大学、上海市疾病预防控制中心、中山大学、首都医科大学、深圳市慢性病防治中心、苏州大学14家单位的20位专家共同编写。

衷心感谢乔杰院士在本书编写过程中的悉心指导与帮助。感谢各位编者带领团队为本书编写工作贡献的宝贵知识、智慧和时间。

儿童青少年健康问题的影响因素错综复杂，本书编写过程中难免存在疏漏和不妥之处，敬请读者和同道提出宝贵意见和建议。

宋 逸 马 军

2024年4月

目 录

第一章　主动健康——养成健康生活习惯

一　吃动平衡，体力活动好处多　　2

1. 为什么体力活动对学生有益处　　3
2. 什么是吃动平衡　　4
3. 什么是学生每天最合适的体力活动量　　6
4. 为什么说学生做到食不过量至关重要　　8
5. 运动如何搭配饮食才能让儿童更强壮　　10

二　饮水有道，喝出健康人生　　12

6. 为什么养成良好的饮水习惯对学生至关重要　　13
7. 为什么中小学生上课不能靠喝咖啡提神　　15
8. 为什么"零糖零脂"饮料并不等于健康饮料　　17
9. 含乳饮料能否代替奶和奶制品　　18
10. 为什么体育课后要及时正确补水　　21

三　个人卫生，守护身体安全屏障　　24

11. 为什么保持个人卫生对身体健康至关重要　　25

12. 怎样选择适合学生的个人卫生用品 27

13. 如何正确清洁手部 29

14. 为什么要注意咳嗽礼仪 30

四　动静适宜，减少视屏和久坐时间　32

15. 什么是久坐行为 33

16. 久坐行为对学生有哪些危害 34

17. 电子视屏行为的危害有哪些 36

18. 对学生来说电子视屏行为比一般久坐危害更大吗 37

19. 学生如何减少久坐对健康的影响 39

第二章　吃对吃好——营养配餐的秘密

一　营养配餐：合理搭配保证食物多样性　42

1. 学校配餐中的"31225"代表什么 43

2. 学校配餐如何选择优质蛋白质含量较高的食物 45

3. 学校配餐如何避免儿童青少年"隐性饥饿"的风险 46

4. 如何区分无公害农产品、绿色食品、有机产品 49

5. 学校配餐有哪些禁用或慎用的食品 51

二 一日三餐：营养与美味的双重追求　54

6. 学生的一日三餐如何分配才更科学更营养　55
7. 学校配餐需要遵循哪些原则　56
8. 为什么要减油控盐　60
9. 为什么说蒸是最健康的烹饪方式　62
10. 学龄期为什么要加强食育　64

三 零食小课堂：正确选择零食和控制零食摄入　66

11. 课间食用零食是好是坏　67
12. 应该怎样选择课间食用的零食　68
13. 为什么不能用零食代替学校的正餐　69
14. 如何安排零食和学校正餐的时间间隔　71
15. 如何避免学业压力带来的情绪性零食食用　72

四 食品安全：预防食源性疾病　75

16. 为什么在学校也需要预防"病从口入"　76
17. 为什么学校食堂在食品加工和存放过程中要生熟分开　78
18. 学生用餐时发现食物未熟透怎么办　80
19. 学校食堂工作人员如何执行卫生操作　82
20. 为什么学校的水源要严格把控　84
21. 学生出现食物中毒应如何有效处理　86

第三章 守护明眸——近视预防有方法

一　了解近视　　　　　　　　　　　　　90

1. 什么是近视　　　　　　　　　　　　91
2. 近视只是看不清东西吗　　　　　　　92
3. 怎样预防近视　　　　　　　　　　　94
4. 哪些表现提示学生可能得了近视　　　96
5. 发生近视了该怎么办　　　　　　　　97

二　"目"浴阳光　　　　　　　　　　　100

6. 为什么"目"浴阳光有助于预防近视　　101
7. 如何保证充足的"目"浴阳光时间　　　102
8. 哪些活动适合在"目"浴阳光时进行　　104
9. "目"浴阳光有哪些注意事项　　　　　106

三　保持科学用眼　　　　　　　　　　108

10. 为什么要保持科学用眼　　　　　　　109
11. 如何保持写作业时的科学用眼姿势　　110
12. 为什么说保持视屏时的科学用眼很重要　112
13. 什么是不良用眼　　　　　　　　　　114
14. 不良用眼的危害有哪些　　　　　　　115

四　遵循用眼规律　　　　　　　　　　　117

　　15. 长时间近距离用眼的危害有哪些　　118
　　16. 怎样在学习时让眼睛休息　　　　　119
　　17. 课间放松眼睛的方法有哪些　　　　121
　　18. 如何合理使用电子设备进行学习　　122
　　19. 使用电子设备学习时应该如何让眼睛休息　　124

五　维护良好视觉环境　　　　　　　　126

　　20. 什么是良好校园视觉环境　　　　　127
　　21. 视觉环境是如何影响视力的　　　　129
　　22. 不良视觉环境对视力的危害有哪些　　130
　　23. 良好视觉环境对视力有什么好处　　132
　　24. 学校如何维护良好的视觉环境　　　134

第四章　昂首挺胸——脊柱弯曲异常要预防

一　脊柱弯曲异常的成因与危害　　　　138

　　1. 为什么人体脊柱会有弯曲　　　　　139
　　2. 为什么脊柱弯曲异常会影响身体健康　　140
　　3. 为什么脊柱弯曲异常好发于儿童青少年　　142
　　4. 如何预防脊柱弯曲异常　　　　　　144
　　5. 如何治疗脊柱弯曲异常　　　　　　145

二　培养良好的坐立习惯　　　147

6. 怎么"坐"才能预防脊柱弯曲异常　　148
7. 如何纠正"站没站相"　　150
8. 为什么就坐时不要跷"二郎腿"　　152
9. 怎样的走路姿势是正确的　　153

三　避免日常用品对脊柱健康的影响　　156

10. 为什么床垫太软或太硬都不行　　157
11. 为什么说"书包背不对，脊柱很受罪"　　158
12. 什么样的鞋子有利于脊柱健康　　160
13. 为什么课桌椅的高度与脊柱健康有关　　161

四　运动促进脊柱健康　　164

14. 为什么适宜的运动有利于脊柱健康　　165
15. 如何为脊柱健康开具恰当的运动处方　　166
16. 运动时如何避免让脊柱承受过大压力　　168
17. 如何通过运动改善姿势不良造成的脊柱弯曲异常　　170

五　及时掌握脊柱健康情况　　172

18. 如何发现中小学生的脊柱弯曲异常　　173
19. 脊柱弯曲异常应如何矫正　　175
20. 为什么说严重的脊柱弯曲异常需要手术矫治　　177

第五章　安全为首——集体活动安全常识

一　校园集体活动中可能遇到的安全问题 180

1. 为什么大型集体活动中可能发生踩踏事故 181
2. 为什么要认识学校的逃生出口和路线 183
3. 为什么学校安排集体活动前要关注各种气象信息 185
4. 如何使用逃生锤 186
5. 如何应对学校里发生的传染病暴发事件 188

二　安全规则是我们的生命之盾 191

6. 为什么小学生不能骑自行车上学 192
7. 为什么学校要做到人车分流 193
8. 为什么学校的消毒剂要专门存放 195
9. 为什么随意开启紫外线灯是危险的 196
10. 为什么中小学生乘坐电动自行车需要戴头盔 197

三 学习基本的急救知识与技巧　　199

11. 为什么儿童青少年要认识常见的警告标志　　200
12. 为什么儿童青少年要学习海姆立克急救法　　202
13. 为什么儿童青少年要学习心肺复苏　　205
14. 为什么说自动体外除颤器是救命神器　　206
15. 为什么儿童青少年要学习外伤出血的紧急处置技能　　208

第六章　和谐校园——对暴力和欺凌说"不"

一 校园暴力和欺凌对受害者和施害者的双重不良影响　　212

1. "校园暴力"和"学生欺凌"是一个意思吗　　213
2. 如何发现儿童青少年遭受了学生欺凌　　215
3. 如何发现儿童青少年遭受了网络欺凌　　217
4. 为什么要预防学生欺凌　　219
5. 为什么要对欺凌的实施者进行及时干预　　221
6. 如何对欺凌的实施者进行教育　　223

二 通过有效沟通解决冲突 　　226

7. 遭受同学欺凌时，可以"打回去"吗 　　227
8. 目睹了学生欺凌，该如何应对 　　229
9. 面对欺凌者的恐吓威胁，该如何应对 　　230
10. 如何通过沟通来解决可能存在的问题 　　232

三 共同构建理解和支持性的校园环境 　　234

11. 为什么面对校园暴力和欺凌时不应该做冷漠的旁观者 　　235
12. 什么样的学校活动能促进同学之间的理解和尊重 　　237
13. 学校如何对校园暴力和欺凌说"不" 　　239

第七章 防范风险——一份网络安全秘籍

一 合理安排上网时间，不沉溺于虚拟时空 　　242

1. 为什么儿童青少年容易沉溺于网络空间 　　243
2. 中小学生如何合理使用网络 　　244
3. 过度沉溺于网络是一种病吗 　　247
4. 如何发现青少年出现了网络成瘾 　　248

5. 如何帮助儿童青少年从网络成瘾的
陷阱中跳出来 250
6. 儿童青少年如何做到合理平衡虚拟
与现实 253

二 遵守网络文明公约,避免触犯法律 255

7. 为什么说网络空间不是"法外之地" 256
8. 学生应如何有效避免网络"对线" 258
9. 学生在使用校园网时需要注意什么 260
10. 为什么进行游戏账号交易要慎重 261
11. 青少年如何避免网络暴力 263

三 保护隐私,识破陷阱,保护自己 265

12. 在社交平台发布动态时有哪些隐私
泄露风险 266
13. 不慎泄露个人隐私应如何通过正当
方法保护自己 268
14. 网络安全对于学生群体未来的发展
有什么影响 269
15. 常见诱骗学生的网络陷阱有哪些 271
16. 遇到"网络刷单"等网络陷阱要
如何求助 272

第八章 心灵港湾——守护心理健康的良方

一 认识自我，了解自我 　　276

1. 为什么我眼中的自己和老师、
   同学眼中的我不一样 　　277
2. 为什么接受自己的优点与不足后，
   与老师和同学交往更轻松 　　278
3. 为什么在中学阶段与异性交往时
   会莫名紧张 　　280
4. 为什么在学校有几个好伙伴很重要 　　282
5. 为什么学生不愿意被问及学习成绩 　　284

二 掌管情绪，心灵减压 　　287

6. 为什么比起成年人，中学生的情绪
   更容易波动 　　288
7. 学生如何避开引发"抑郁症状"的坑 　　289
8. 为什么在面对考试时常常会焦虑 　　291
9. 为什么学生有时会感到厌学 　　293
10. 为什么说适度的压力有助于提升
    学习效果 　　295

三 建立良好人际关系，促进个人健康成长 298

11. 什么样的人在同学中受欢迎 299
12. 在学校结交不到朋友怎么办 301
13. 被同学误解该如何处理 303
14. 对成绩优异的同学有嫉妒心是否正常 305
15. 为什么良好的师生关系很重要 307
16. 与同学吵架后，如何和解 309

四 直面心理困扰，适时寻求帮助 311

17. 心情不好的时候可以找谁倾诉 312
18. 学生进行心理训练可以缓解心理困扰吗 313
19. 参加团体心理辅导就意味着自己心理不正常吗 315
20. 心理咨询师会不会把我的秘密泄露出去 316
21. 哪些"信号"提示我们需要寻求心理帮助 318
22. 出现了心理危机可以求助于哪些专业人员 320

五 珍爱生命，享美好人生 323

23. 生命是如何诞生的 324

24. 为什么儿童青少年要培育正确的
    美好生活观　　　　　　　　　　325
25. 儿童青少年应该如何珍爱生命　　327
26. 为什么说学习成绩与人生的价值
    不能画等号　　　　　　　　　　329
27. 为什么儿童青少年要有感恩之心　331

第一章

主动健康——
养成健康生活习惯

一

吃动平衡，
体力活动好处多

1. 为什么**体力活动**对学生有益处

关键词：体力活动　益处

学生时期是身心发育和社会适应的重要阶段，在学生时期积极参与体力活动将极大促进运动习惯的养成，为终身健康和全面发展打下坚实基础。

专家说

体力活动，又称身体活动，被定义为"由骨骼肌收缩产生并消耗能量的任何身体运动"，已被证明对学生身体健康、心理健康和学业成绩等有益。保持规律的体力活动有助于提高学生总体健康水平。首先，在身体健康方面，经常参与中高强度体力活动的学生拥有更高的心血管健康水平，这有助于降低未来生活中心血管疾病等慢性疾病的发生风险。有证据表明，进行体力活动干预可以提高超重肥胖学生心脏代谢和血管健康水平、促进心肺功能提升和运动技能发展。其次，在心理健康方面，体力活动与更健康的心理状态有关，有助于缓解压力、改善负面情绪、减少心理困扰和抑郁症的发生，有助于提升自我形象/自尊、对生活的满意度和幸福水平。再次，在学业成绩方面，研究证据表明，中高强度的体力活动干预可以有效改善大脑结构和功能，提升认知水平，提高学习成绩。心肺功能水平高的学生，其大脑涉及记忆和执行功能的区域表现出更大的脑容量，而且在记忆任务中的表现更好。

关键词 **吃动平衡**

健康加油站

体力活动不足是全球第四大死亡风险因素,并在全球范围内呈流行趋势。学生群体已经成为体力活动不足的高发人群。目前,我国学生体力活动普遍不足,并且呈现出低龄化、快速发展的势态,学生的健康状况面临严峻挑战。规律的体力活动是提升学业成绩、愉悦感受、社交能力、自我认知水平以及保证身体和心理健康发展的重要途径。父母、老师、学校和全社会都应共同努力,创造有益于学生积极参与体力活动的社会环境,鼓励学生积极参与体力活动,引导学生养成良好的行为习惯和健康的生活方式,这不仅对其当前的身心健康有益,更能为其成年后的健康打下坚实基础。

(陈亚军)

2. 什么是**吃动平衡**

吃动平衡是指在日常生活中维持良好的饮食和适度的体力活动的状态,是保证学生健康发展的关键。学生时期不仅需要合理摄入各类营养物质,满足身体生长发育和能量的需求,还需要保持适度的体力活动,提高身体素质。

专家说

吃动平衡要求学生合理摄入各类营养物质，包括碳水化合物、蛋白质、脂肪、维生素和矿物质，以满足身体生长发育和能量的需求。同时，适度的体力活动也是吃动平衡的一部分。参与体力活动能够帮助学生消耗多余的能量，促进骨骼和肌肉的发育，维持心血管健康，并提高学生身体素质。吃动平衡有助于预防肥胖、促进健康体重，同时培养学生健康的生活习惯，为未来终身健康奠定基础。为帮助学生养成科学饮食行为习惯并积极参与体力活动，学校应创造支持性的环境并对学生的饮食行为和体力活动进行有效管理和监督。学校要为学生提供营养均衡、烹调合理的食物，为餐饮食品提供营养标识，并进行食品安全与营养健康的管理和监督；严格落实国家体育与健康课程标准，强化体育课和课外锻炼；开展健康体重与营养健康教育，将相关内容融入常规教育、学生活动等工作中。

健康加油站

学校是培养学生吃动平衡的重要环境。规律营养的饮食和科学足量的运动，是学生保持正常体重的法宝，关键要把握好二者平衡。首先，饮食方面，学校应提供均衡多样的膳食，包括蔬菜、水果、全谷类等，避免过多的高糖、高脂肪食物。中小学校园内不应设置小卖部、超市、自动贩卖机等，避免售卖高盐、高糖、高脂肪食品等。其次，学校要鼓励学生积极参与各种体力活动，每天累计进行至少 60 分钟的中高强度体力活动，通过有氧运动、力量训练和灵活性训练，提高代谢率、强化心肺功能和肌肉力量；同时鼓励学生尽量避免长时间久坐，增加户外活动，限制电子设备的使用。此外，学校可通过健康教育课程让学生了解健康饮食和积极运动的益处，使其更好地理解吃动平衡对健康的重要性。

（陈亚军）

关键词

体力活动量

3. 什么是学生每天最合适的 体力活动量

适量的体力活动是世界卫生组织提出的四大健康基石之一。学生进行适量的体力活动会对其身心健康各方面产生益处，更多的体力活动会带来更佳的健康收益，应该鼓励学生更多地"动"起来。

专家说

对于学生而言，体力活动包括在家庭、学校和社区中的玩耍、游戏、体育运动、交通往来、家务劳动、娱乐、体育课或有计划的锻炼等。一般推荐儿童青少年每日累计进行至少 60 分钟的中高强度身体活动，包括每周至少 3 天的高强度身体活动和增强肌肉力量、骨骼健康的抗阻活动。国家疾病预防控制局 2023 年发布的卫生行业标准 WS/T 10008—2023《7 岁~18 岁儿童青少年体力活动水平评价》进一步推荐 7~18 岁儿童青少年平均每天累计中高强度体力活动时间宜不少于 70 分钟，其中每天至少进行 1 次持续 10 分钟或以上的中高强度体力活动；体力活动形式方面，推荐儿童青少年日常体力活动以有氧运动为基础，同时每周宜进行不少于 3 次的增强肌肉力量和促进骨骼健康的抗阻运动。

健康云课堂

什么是学生每天最合适的体力活动量

（陈亚军　宋　逸）

4. 为什么说学生做到**食不过量**至关重要

关键词

饮食行为 食不过量

学生时期是体格迅速发育时期，对能量和营养素的需求相对较高，该时期也是行为习惯和生活方式养成的阶段。因此，保障学生均衡膳食，食不过量，有助于培养其健康的饮食行为习惯，对于保证学生身心发育至关重要。

健康术语

合理膳食：指一日三餐所提供的营养满足人体的生长、发育和各种生理、体力活动的需要。

专家说

食不过量指每天摄入的各种食物所提供的能量不超过人体所需要的能量。正常生理状态下，食欲可以有效控制进食量，使人保持健康的体重。但由于种种原因，部分学生不能有效控制进食量，进食量往往超过实际需要，造成过多能量摄入，引起体重过度增加。在这种情况下，食不过量就意味着适当限制进食量。学生时期是身体和智力发育的关键时期，培养良好的饮食习惯对身体健康至关重要。学生一日三餐食物的种类和数量应按照一定的标准。一日三餐应提供谷薯类、蔬菜水果类、鱼禽肉蛋类、奶类及大豆类四类食物中的三类及以上，尤其是早餐，容易被学生和家长忽略。早餐、午餐和晚餐提供的能量和营养素应分别占全天总量的 25%~30%，35%~40% 和 30%~35%。根据 WS/T 554—2017《学生餐营养指南》，不同年龄段学生每人每天的食物种类和数量如表 1-1 所示。

表 1-1　不同年龄段学生每人每天食物种类及数量　单位：g

食物种类		6~8 岁	9~11 岁	12~14 岁	15~17 岁
谷薯类		250~300	300~350	350~400	350~400
蔬菜水果类	蔬菜类	300~350	350~400	400~450	450~500
	水果类	150~200	200~250	250~300	300~350
鱼禽肉蛋类	畜禽肉类	30~40	40~50	50~60	60~70
	鱼虾类	30~40	40~50	50~60	50~60
	蛋类	50	50	75	75
奶、大豆类及坚果	奶及奶制品	200	200	250	250
	大豆类及其制品和坚果	30	35	40	50
植物油		25	25	30	30
盐		5	5	5	6

注：1. 均为可食部分生重。
　　2. 谷薯类包括各种米、面、杂粮、杂豆及薯类等。
　　3. 大豆包括黄豆、青豆和黑豆，大豆制品以干黄豆计。

合理膳食是健康"四大基石"中的第一基石。学生时期是建立健康信念和形成健康饮食行为习惯的关键时期，学生应积极学习营养健康知识，主动参与食物选择和制作，提高营养健康素养。学生饮食应符合《中国居民膳食指南》的要求，并且要吃好早餐，合理选择零食，不喝含糖饮料，积极进行体力活动，保持体重适宜增长。

（陈亚军）

5. 运动如何**搭配饮食**才能让儿童更强壮

关键词

运动 饮食搭配

适量运动、合理膳食是保证良好体质健康水平的重要前提。科学搭配运动和饮食有助于培养儿童健康的生活方式，塑造强壮的身体，提高生活质量，从而促进健康。

专家说

膳食是儿童健康的基石，儿童在成长过程中身体和大脑发育需要各种营养物质，健康、合理的饮食对于儿童的生长发育至关重要。除了饮食，适度的运动也是儿童健康成长的关键。现代生活方式通常导致儿童久坐行为增加，体力活动减少，随之带来一系列的身心健康问题。科学的饮食和适度的运动对儿童健康至关重要，学校层面要尽力保证儿童营养膳食和科学运动的合理搭配，从而促进健康。首先，儿童饮食要均衡，包括蔬菜、水果、全谷物、蛋白质和健康脂肪等；运动后要及时补充碳水化合物和蛋白质，以促进肌肉的修复和能量的恢复。其次，合理的饮水是运动的关键，尤其是在高强度活动后，水分能够维持体温，帮助消化和保持身体功能的正常运行。最后，保证适量能量摄入，以满足运动后身体的需求；避免过多摄入高糖、高脂食物，选择能够提供持久能量的食物，如全谷物、水果和蔬菜等。科学搭配饮食和运动,可以让儿童更加强壮,提高免疫力,降低慢性病风险,同时也可培养儿童青少年良好的生活行为习惯,为未来健康奠定坚实基础。

(陈亚军)

二

饮水有道，
喝出健康人生

6. 为什么养成良好的饮水习惯对学生至关重要

水是七大营养素之一，是机体含量最多的成分，对生长发育和维持生理活动必不可少。水摄入与机体健康密切相关，学生应培养健康饮水习惯，在日常生活中主动、规律、足量饮水。

专家说

水是人体最重要的组成部分，占体重的60%~70%。足量的水分摄入可以帮助维持血液循环、消化、排泄和体温调节等生理功能的正常运行。主动、规律、足量饮水有助于消化，可促进食物中的营养物质被吸收和利用；而缺水会影响消化和营养吸收。学生活动量大、新陈代谢快，容易出汗，水分的足量摄入有助于调节体温，防止过热和中暑等情况的发生，还可以保持体内的盐分和水平衡，预防脱水和电解质失衡。足量饮水还与增强注意力、改善思维和提高学习能力相关。脱水会导致头晕、疲劳和注意力不集中，影响学生的学习和表现。因此，学生要养成良好的饮水习惯。

关键词：饮水　水平衡

健康加油站

如何养成良好的饮水习惯？学生应树立饮水有益健康的理念，学习饮水知识，做到主动足量饮水，每次1杯水，少量多次；学校应增加饮水健康宣教课程，配备完善的饮水设备，提供饮水支持性环境。

饮水应首选白水。白水不含能量，是最佳选择。白水包括自来水、经过滤及净化处理的直饮水、桶装水、包装饮用纯净水、天然矿泉水以及天然泉水等饮用水。白水廉价易得，安全卫生，不会增加代谢负担，相比饮用含糖饮料，饮用白水不用担心"添加糖"过量摄入带来的健康风险。

饮水要注意规律、每次少量、多次。当感到口渴时，机体已经处于轻度脱水状态。因此，不要等到口渴时再饮水，应主动规律饮水。每日饮水宜少量多次，每次喝1杯水（100~200ml），适宜的水温为40℃左右。针对不同年龄段儿童青少年建议如下：7~10岁，每天饮水1 000ml；11~13岁，男生每天饮水1 300ml，女生1 100ml；14~17岁，男生每天饮水1 400ml，女生1 200ml。

可通过尿液颜色判断自身水分摄入是否充足：正常的尿液颜色为透明黄色或浅黄色；尿液颜色加深呈黄色，提示需要增加水分摄入；呈较深黄色和深黄色，提示机体水分不足，处于脱水状态。

（胡翼飞）

7. 为什么中小学生上课不能靠喝咖啡提神

喝咖啡能提神主要是因为咖啡因能够刺激大脑皮层，增加中枢神经系统的兴奋性，从而一定程度上缓解疲劳、改善困倦等。但喝咖啡并不适合中小学生上课提神，摄入咖啡因可能会对中小学生的脑发育、注意力和睡眠产生负面影响。

专家说

咖啡的主要活性成分是咖啡因，它是一种中枢神经系统兴奋剂，可以刺激大脑皮层，提高注意力和警觉性。咖啡因不仅存在于咖啡中，而且在茶、可可、巧克力等饮品和食品中含量也不少。根据《中国学龄儿童膳食指南（2022）》，12岁及以下儿童不喝浓茶、咖啡等含咖啡因的饮品。过量摄入咖啡因可能会对中小学生的大脑发育产生不良影响。良好的睡眠对于中小学生的学习和成长非常重要，而咖啡因会刺激中枢神经系统，增加兴奋性和敏感性，从而缩短睡眠时长，影响睡眠质量。过量摄入咖啡因可能会引起胃部不适、头痛、心悸和血压升高等不良反应。此外，咖啡因还可能会影响身体对钙、铁等矿物质的吸收，对中小学生的骨骼和牙齿发育产生不良影响。部分速溶咖啡或咖啡类饮料中含有大量添加剂，而中小学生的肝、肾等脏器功

关键词　咖啡　提神　睡眠

能尚未发育完善，长期过量饮用此类咖啡，可能增加中小学生其他健康风险。所以中小学生不宜通过喝咖啡来提神。

健康加油站

中小学生可以通过以下方式保持良好的上课精神状态。

（1）**保证充足的睡眠**：每天保证足够的睡眠时间，一般建议小学生在21∶20前入睡，初中生在22∶00前入睡，高中生在23∶00前入睡，避免熬夜。良好的睡眠质量能够使大脑得到充分的休息，提高上课时的精神状态。小学生每天睡眠时间应达到10小时，初中生应达到9小时，高中生应达到8小时。

（2）**合理饮食**：应保持均衡的饮食，摄取足够的营养物质，尤其是维生素和矿物质。避免过度摄入糖分和高热量食物，以免影响身体健康和精神状态。睡前避免过量的水摄入。

（3）**保证体力活动**：学校课间休息，要离开座位适量活动，避免久坐。每天应该至少运动2小时，其中中高强度的体力活动不少于60分钟，睡前可以做一些温和、放松身心的活动，但睡前2小时不要做剧烈运动。

（4）**控制电子产品使用**：连续使用电子产品的时间越短越好。使用电子产品学习30~40分钟后，休息远眺放松10分钟。非学习目的的使用单次不宜超过15分钟，每天累计不超过1小时。

（胡翼飞）

8. 为什么"零糖零脂"饮料并不等于健康饮料

根据《食品安全国家标准预包装食品营养标签通则》（GB 28050—2011），每100ml饮料中糖和脂肪的含量不高于0.5g，即可标注"零糖""零脂"，"零糖零脂"饮料不等于完全不含糖、无脂肪。这类饮料会添加代糖等添加剂，不等于健康饮料，不推荐中小学生饮用。

专家说

"零糖零脂"饮料通常会使用人工甜味剂代替传统的糖分，通过植物提取物或者其他低脂成分替代脂肪。虽然这些饮料糖或脂肪含量低，但人工甜味剂可能会影响学生对甜味的正常感知，提高甜度感受阈值，从而摄入更多的糖分和热量。此外，一些人工甜味剂在机体内代谢时可能会产生副作用，如头痛、腹泻等。

"零糖零脂"饮料中的果汁饮料通常还会添加一些人工色素等添加剂，从而调制出"人工果汁"。某些人工添加剂可能会对学生内分泌系统产生干扰，影响激素的分泌，从而对生长发育产生负面影响；还会损害牙釉质，引发龋齿和牙齿敏感等问题。中小学生的肝脏解毒功能和肾脏排泄功能并未发育完善，大量食用含有人工色素的食品，会增加肝肾的代谢负担。同时可能由于代谢物的蓄积，影响儿童的身心发育。

关键词：**"零糖""零脂"饮料**

关键词：含乳饮料　奶　奶制品

健康术语

糖：是单糖、双糖、多糖、糖的衍生物（如糖醇）的统称。其中，单糖包括葡萄糖、果糖和半乳糖等；双糖包括蔗糖、乳糖和麦芽糖等。

添加糖：指人工加入食品中的糖类，具有甜味特征，包括单糖和双糖，常见的有蔗糖、果糖、葡萄糖、果葡糖浆等。常用的白砂糖、绵白糖、冰糖、红糖都是蔗糖。

含糖饮料：指制作饮料的过程中人工添加糖，且含糖量在5%（5g/100g或5g/100ml）以上的饮料。多数含糖饮料的含糖量在8%~11%，含糖量≤5%的饮料属于低糖饮料，含糖量≥11.5%的饮料则属于高糖饮料。某些现制现售奶茶含糖量在15%~25%，属于高糖饮料范畴。根据《中国居民膳食指南（2022）》，推荐每天添加糖的摄入不超过50g，最好控制在25g以下。

（胡翼飞）

9. 含乳饮料
能否代替奶和奶制品

含乳饮料是指以奶或奶制品为原料，加入水及适量辅料，经配制或发酵而成的饮料制品。含乳饮料可以补充一定的营养，但不能长期代替奶和奶制品。

专家说

含乳饮料分为配制型含乳饮料和发酵型含乳饮料。配制型含乳饮料是以奶或奶制品为原料，加入水、白砂糖、甜味剂、酸味剂、果汁、茶、咖啡、植物提取液等中的一种或几种调制而成的饮料。发酵型含乳饮料是以鲜奶或奶制品为原料，经发酵，添加水和增稠剂等辅料，加工制成的饮料。含乳饮料蛋白质含量较低，通常乳蛋白质不少于1%即可，因而营养价值较低。含乳饮料添加了白砂糖、甜味剂、增稠剂等辅料调节风味，过量摄入这些添加剂可能对健康产生不利影响。

奶和奶制品中的蛋白质含量丰富，其中牛奶的蛋白质平均含量为3%，属于优质蛋白，脂肪含量为3%~4%。奶和奶制品中的乳糖能促进钙、铁、锌等矿物质的吸收。此外，奶和奶制品还含有维生素（维生素A、B族维生素等）、矿物质等，这些营养成分有利于儿童青少年生长发育，如：牛奶中蕴含的乳糖、铁、叶酸、锌及生物活性物质，可促进大脑发育；每100g牛奶约含100mg钙，长期摄入奶及奶制品可促进儿童骨骼发育；奶和奶制品中富含优质蛋白，有益于维持肌肉生长发育。所以含乳饮料不能代替奶和奶制品。

健康加油站

根据《中国学龄儿童膳食指南（2022）》的建议，学生群体每天膳食都应包含300ml及以上液态奶或相当量的奶制品。奶和奶制品可以选择纯牛奶、酸奶、奶酪、植物奶等。纯牛奶是一种营养成分丰富、组成比例适宜、易消化吸收、营养价值高的天然食品。酸奶富含益生菌，有助于维护肠道健康。奶酪有各种不同的类型，如新鲜奶酪、发酵鲜奶酪、蓝纹奶酪、软质奶酪等，每种奶酪都有其独特的风味和质地，但是奶酪相对而言脂肪含量较高。植物奶是由植物（如谷物、豆类、坚果等）加工而成富含蛋白的饮品，外观与牛奶相似，属于植物蛋白饮料，如大豆奶。

早晨喝牛奶的同时建议搭配一些食物，比如面包、馒头等主食，降低牛奶的排空速度，使胃肠道更好地消化和吸收牛奶。奶和奶制品适合作为课间加餐，午餐和晚餐中间喝牛奶可以更好补充身体所需的营养物质。如果怕喝了牛奶之后肠胃不适，可以喝酸奶或者低乳糖奶，酸奶与牛奶的蛋白质和钙含量相当，只是部分微量元素含量不同。

（胡翼飞）

10. 为什么体育课后要及时**正确补水**

关键词：运动 补水

学生体育课户外锻炼，活动量大，通过皮肤流失水分多，因此，学生在体育课后及大量运动后须及时正确补充水分、电解质和维生素等营养物质，以帮助身体恢复、保持水平衡。

专家说

学生的运动锻炼主要集中在体育课。运动会使机体大量出汗，导致体内水分通过皮肤大量流失。汗液中不仅含有水分，还含有电解质，如钠、钾、钙等，它们对于维持正常的生理功能至关重要。出汗时，这些电解质也会随之流失，可能导致身体出现疲劳、抽筋等症状。因此，及时补水和补充流失的电解质有助于维持身体正常的生理功能。

另外，运动时人体会产生大量的热量，需要通过出汗来散热。如果水分补充不足，可能会导致体温升高，引发中暑等问题。补水可以促进散热，帮助身体维持正常的体温。

补水还有助于促进新陈代谢。运动时，身体需要更多的能量来完成各项任务，补水有助于加快体内物质的代谢，加速身体对营养物质的吸收和利用，从而使体力更好地恢复。

二　饮水有道，喝出健康人生

健康加油站

体育课后补水三知道：

（1）**正确的补水方式**：错误补水可能会引起身体损伤。运动后不宜一次性快速大量饮水，以免血容量迅速增加，给心脏带来巨大负担，血液被稀释，引起体内钾、钠等电解质紊乱，甚至引发胸闷、腹胀、心力衰竭等情况。此外，暴饮还会让身体反射性出汗，使本就缺水的身体再次面临脱水的危险。喝得太快太急易将空气吞入体内，造成腹胀、腹痛等不良反应。正确的补水方式是平稳补水，间歇多次进行，每次饮水量不宜超过 200ml，两次补水至少应有 15 分钟的间隔。

（2）**首选的补水类型**：体育课后补水首选天然矿物质水。剧烈运动时人体会丢失大量汗液，主要成分是水、尿素、乳酸、脂肪酸和各种电解质。过多丢失电解质，对运动能力及健康有严重影响。因此，剧烈运动后既要补水，也要补充电解质。1 小时以内的运动补充液体以水为主。纯净水不含矿物质，因此不适合作为剧烈运动或大量运动后的饮用水。低年级学生运动强度较大或运动时间较长时，可选择淡盐水，以补充汗液中丢失的盐分。若运动过后出汗量比较少，可饮用白水。

（3）**最佳的补水时间**：运动后内脏器官处于高温状态，咽喉毛细血管处于扩张状态，应待心率适当平复后，再缓慢饮水。要注意运动前和运动中的及时补水，避免出现脱水症状，最好在运动前 2 小时至半小时内补水 300ml 左右。运动前后不能喝汽水，其含有的二氧化碳会让胃部胀气，不利于运动健康。

（胡翼飞）

三

个人卫生，
守护身体安全屏障

11. 为什么**保持个人卫生**对身体健康至关重要

保持个人卫生是指个人在日常生活中要保持身体和所处环境的清洁卫生，以预防疾病、促进健康，是一种对自己和他人健康负责的行为，可以有效减少疾病的发生和传播。

关键词：个人卫生

专家说

人体有三大健康防线，分别是皮肤和黏膜及其分泌物、体液中的杀菌物质和吞噬细胞、免疫器官和免疫细胞。皮肤是人体最大的保护屏障之一，保持个人卫生，有利于维护健康防线。个人卫生对身体健康有重要影响，保持良好的卫生习惯可以有效预防疾病的传播。正确洗手、避免接触污染物、咳嗽和打喷嚏时注意遮挡口鼻等都有助于减少病原体（如细菌、病毒、真菌、寄生虫等）的传播，可以有效预防流行性感冒、肠道传染病等。经常且适时地洗手以及保持环境的清洁可以减少病原体的暴露，降低感染风险，使免疫系统能够更有效地应对病原体。定期洗澡、保持身体清洁和穿戴干净衣物有助于预防皮肤感染，如真菌感染和细菌感染。此外，保持干燥的皮肤环境也可以减少一些皮肤问题的发生。口腔健康是健康素养的重要组成部分。良好的口腔卫生习惯，如饭后刷牙、使用牙线和使用漱口水等，有助于预防牙龈疾病、龋齿和口臭等口腔问题。同时要定期对口腔进行检查和洁治，小学生要密切留意牙齿生长发育情况，及时矫治。保持身体清洁、正确处理食物和水源、避免接触有害物质等都有助于降低疾病的风险，提高生活质量。

健康加油站

良好的个人卫生习惯包括经常洗手、保持环境清洁、定期洗澡、保持口腔卫生等。这些习惯不仅有助于保护自己的身体健康，还有助于保护他人的健康。

勤洗手： 经常用肥皂和流动水洗手，特别是在咳嗽、打喷嚏、上厕所之后，或者在接触或处理动物或动物粪便之后。

保持呼吸道卫生： 不随地吐痰，咳嗽或打喷嚏时用弯曲的手肘或纸巾遮住口鼻，然后立即将纸巾丢进封闭的垃圾箱，洗手前不要触摸其他物品。

避免触摸眼睛、鼻子和嘴： 这些部位很容易受到细菌和病毒的感染，避免用不干净的手直接接触这些部位。

保持环境清洁： 定期清扫房间、擦拭家具表面、清洗卫生间等，注意经常通风，保持室内空气清新。

穿用清洁的衣物和床上用品： 定期清洗衣物和床上用品，保持衣物和床上用品整洁。

注意饮食卫生： 食用新鲜、煮熟的食物，避免食用生、冷、过期或变质的食品。

定期洗澡：保持身体清洁和干爽，特别是皮肤和头发。人的皮肤每分每秒都在呼吸，会排出油脂，无论是否出汗，身体都会"变脏"。长期不洗澡，皮肤上的脏东西会堵塞毛孔，使皮肤不能正常"呼吸"，容易滋生细菌、真菌等病原体。

（胡翼飞）

12. 怎样选择适合学生的个人卫生用品

个人卫生用品是指用于保持个人卫生和健康的用品，例如牙刷、牙膏、洗发水、沐浴露、卫生巾等。个人卫生用品可以帮助人们保持皮肤、口腔、头发、指甲等部位的卫生，维持个人皮肤屏障功能。

专家说

个人卫生用品与个人卫生维护密切相关，根据其维护部位的不同，主要分为以下几类。

清洁皮肤用品：如肥皂、洁面乳等；

口腔卫生用品：如牙刷、牙膏、漱口水等；

头发卫生用品：如洗发水等；

指甲卫生用品：如指甲剪、指甲锉等；

其他卫生用品：如卫生巾、卫生纸、湿巾等。

选择适合学生的个人卫生用品，需要考虑以下因素。①不同年龄段的学生需要使用不同规格和类型的个人卫生用品，例如儿童口罩、润肤乳等。②注重安全性：中小学生群体处于生长发育的敏感时期，需要选择安全、无害、质量可靠的个人卫生用品，例如不含有害化学物质（特别是内分泌干扰物）、温和无刺激性等。

处于青春期的儿童青少年由于受到饮食、体内激素等的影响，易长痤疮（俗称青春痘），这时要注意面部的适度清洁和危险三角区的正确护理。面部危险三角区，通常指的是两侧口角至鼻根连线所形成的三角形区域，用手指挤三角区内的痤疮，容易导致细菌通过静脉逆行侵入颅内海绵窦，引起颅内感染。所以，不能自己随意去挤三角区内的痤疮，有需要时可以去正规医院皮肤科处理。此外须每天洗脸保持面部卫生，必要时辅以洁面乳等卫生用品。

危险三角区

（胡翼飞）

13. 如何正确清洁手部

日常生活中，手频繁接触人与物品，是身体体表最有可能携带病原体的位置之一，洗手和手消毒能有效清除手部病原体，降低传染病的感染和传播风险。学生要增强个人卫生意识，养成正确清洁手部的习惯。

关键词：手卫生 洗手 手消毒

专家说

不良手部卫生状况是导致流行性感冒、新型冠状病毒感染、流行性腮腺炎、水痘、手足口病、细菌性痢疾及其他感染性腹泻等各类传染病发生和传播的重要因素之一。学生是传染病的易感人群。学生大部分时间处于学校这一人群密集、社会接触面广的公共场所，会接触各类学习用具、玩具等物品，暴露于各种病原体的风险较高，加之儿童青少年免疫系统尚未发育成熟，因此更容易受到传染病侵袭。在以下情况下，需要及时正确洗手，保持良好的手卫生：在卫生要求较高的操作前，如饮食前、触摸口鼻和眼睛前；污染操作后，如咳嗽、打喷嚏用手捂口鼻后，大小便后，触摸钱币后，接触或处理各种垃圾和污物后等；手部有明显污染物时；传染病流行期间，触摸门把手、电梯按键等各类高频接触的物体表面后，外出回家后。

清洁手部主要包括洗手和手消毒。洗手步骤如图所示。

三 个人卫生，守护身体安全屏障 | 29

关键词

咳嗽礼仪　飞沫传播

1. 用干净自来水淋湿双手，关掉水龙头

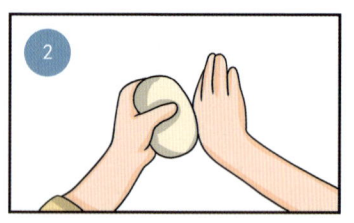

2. 涂抹肥皂或洗手液等

3. 揉搓手上的肥皂或洗手液等，让它起泡沫，趁着起沫时揉搓手背、指缝和指尖，至少20秒

4. 用干净自来水冲掉泡沫后洗净双手

5. 用干净毛巾或纸巾等擦干双手或直接晾干

（胡翼飞）

14. 为什么要注意咳嗽礼仪

咳嗽礼仪是指借助遮挡物将咳嗽或打喷嚏喷射出的呼吸道飞沫进行物理阻断，减少呼吸道飞沫及飞沫核播散于空气中，从而减少周围人群被污染的一种个人行为礼仪。学生在咳嗽或者打喷嚏时应注意咳嗽礼仪。

专家说

咳嗽是一种呼吸道常见症状。当我们咳嗽或打喷嚏时，会产生飞沫和呼吸道分泌物，这些物质可能携带病毒、细菌等病原体。携带病原体的液滴非常小，可在空气中长时间悬浮。在封闭或拥挤的环境中，这些飞沫容易传播给他人，导致疾病的传播，例如，流行性感冒、肺结核等疾病都可以通过咳嗽和打喷嚏传播。咳嗽礼仪可通过物理阻断减少飞沫的传播，从而降低污染周围人群的风险。使用纸巾、手帕或用手肘捂住口鼻，可以有效地缩小飞沫的扩散范围，降低疾病的传播可能性。此外，咳嗽礼仪的养成还有助于提高学生的文明素质和社会责任感。遵守咳嗽礼仪体现了对他人的尊重和关心，有助于建立良好的社会风气。同时个人也可以降低自身感染疾病的风险，从而保护自己和他人的健康。

咳嗽或打喷嚏时，使用纸巾或手帕遮盖口、鼻部，没有纸巾或手帕时，应用手肘遮盖口、鼻部。

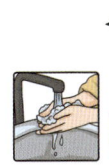

咳嗽后礼仪：
咳嗽或打喷嚏时用双手遮盖口、鼻后，应立即洗手

有症状时（感冒时）礼仪：
如果已知患有呼吸道传染病，外出时须佩戴口罩

（胡翼飞）

三　个人卫生，守护身体安全屏障

四

动静适宜，减少视屏和久坐时间

15. 什么是久坐行为

根据世界卫生组织 2020 年发布的《体力活动和久坐行为指南》，久坐行为是指在清醒状态下，以坐着、倚靠或躺着的姿势，能量消耗 ≤ 1.5 代谢当量的行为。

专家说

健康的生活方式通常被认为是促进儿童青少年身心健康与全面发展的重要条件之一。然而，随着经济社会快速发展，生活方式不断发生变化，儿童青少年的行为模式逐渐呈现静态化趋势，久坐行为逐渐普遍化已成为一个严峻的问题。久坐行为包括多种静态行为，主要涵盖在工作场所、学校、家庭和交通工具等的久坐，以及在屏幕上花费时间的活动，如看电视、玩电脑、玩游戏等。针对学生群体，常见的久坐行为主要包括静态化的视屏行为（如看电视、使用电脑和手机等），以坐姿状态进行绘画、阅读、写作业等，以及在学校和乘坐交通工具时的坐姿等。目前，儿童青少年的久坐行为日益普遍，主要源于现代社会生活的变化，包括电子设备和媒体的普及和使用、学业压力增加、户外活动机会减少、家庭生活方式改变等。科技的迅猛发展使得儿童青少年在电子设备和媒体上花费更多时间，而目前学校和家庭环境提供给儿童青少年参与体力活动的机会大大减少。多种因素综合作用导致儿童青少年普遍出现久坐行为，这不仅会给他

关键词

静态生活方式 久坐行为

四 动静适宜，减少视屏和久坐时间

们的身心健康带来负面影响，还可能增加其成年后患慢性疾病的风险，给我国的医疗卫生带来巨大的负担。关注和重视儿童青少年趋于静态化的行为模式不仅关乎个体的健康和发展，也事关整个社会未来的发展。采取综合性的干预措施可以为年轻一代创造更有利的成长环境，培养更健康、更积极的年轻社会群体。

健康术语

静态生活方式： 指生活中静态行为（如看电视、使用电脑和手机等）占主要部分的一种生活方式。

（陈亚军）

关键词　久坐行为　身体健康　心理健康

16. 久坐行为对学生有哪些危害

久坐行为给学生的全面健康和发展带来了潜在不良影响。学生久坐行为增加可能与超重肥胖等健康风险升高密切相关，同时可能对学业表现产生负面影响，此外，久坐行为对心理健康的影响也不容忽视。

专家说

久坐行为给儿童青少年带来的危害是多方面的，对其身体健康、心理健康和学业成绩都具有潜在负面影响。首先，久坐行为与儿童青少年较差的体适能有关，并可能导致其超重、肥胖，而超重或肥胖又与儿童期 2 型糖尿病、高血压、胆固醇升高、哮喘等疾病的增加有关。其次，久坐行为可能对儿童青少年的心理状态产生不良影响，与自尊、社会适应性等呈负向关联，可能导致其出现压力过大、焦虑、抑郁等问题。再次，儿童青少年久坐行为还可能对其学业成绩产生不利影响，学业上的问题可能形成负面循环，加重他们的压力和焦虑感。久坐行为对健康的影响是一个累积的、长期的过程，儿童青少年时期的久坐行为也将对其成年后的健康造成影响，因此，须进一步关注和重视儿童青少年活动模式趋于静态化、久坐行为增加这一现实问题。

- 低头 颈部酸痛
- 久坐 大脑供血不足
- 低头 弯腰 视力受损
- 弯腰 腰部疼痛
- 久坐 记忆力下降

（陈亚军）

四 动静适宜，减少视屏和久坐时间

17. 电子视屏行为的危害有哪些

关键词

电子视屏行为 静态行为

健康术语

电子视屏行为：是指使用任何配备显示屏的电子产品的行为，属于静态行为的一部分。

随着科技的迅猛发展，电子产品已逐渐渗透到人们日常生活的各个方面，成为不可或缺的物品。在现在的数字化时代，学生的电子产品使用率逐年攀升。与此同时，使用电子产品时的静态行为也呈现不断增加的趋势，尤其在社交媒体、在线娱乐和学习方面，学生花费在屏幕前的视屏时间不断增加。

专家说

视屏行为不仅可能导致久坐，还可能导致视屏时间的过度增加，对儿童青少年的身心健康造成不利影响。国家疾病预防控制局2023年发布的卫生行业标准《7岁~18岁儿童青少年体力活动水平评价》（WS/T 10008—2023）给出了视屏时间的推荐量，即：除教育部门安排的线下课堂教学和线上视频教学时间外，儿童青少年平均每天其他用途的视屏时间不宜超过2小时。随着电子产品的普及和使用的增加，儿童青少年的视屏时间明显延长，包括使用智能手机、平板电脑、电子游戏设备等，以满足学习、社交和娱乐等多方面的需求。网络和媒体为儿童青少年提供了广泛的信息和社会支持，但过长的视屏时间也增加了视力不良、肥胖、心血管疾病等风险，同时可能引起焦虑、抑郁等心理问题。重视和监督儿童青少年的电子视屏行为，控制其电子视屏时间，可以减少久坐行为，避免过度使用屏幕导致视疲劳和视力问题，降低肥胖、心血管疾病等慢性疾病风险，还有助于减少沉迷，防范焦虑、抑郁等心理问题。此外，减少视屏时间为儿童青少年提供更多时间参与户外活动和社交互动，可以培养其良好的行为生活习惯。

（陈亚军）

关键词 电子视屏行为 久坐行为

18. 对学生来说
电子视屏行为
比一般久坐危害更大吗

视屏时间指花费在电视、电脑、智能手机、平板电脑等电子产品屏幕上的累计时间。在使用电子设备时，个体的电子视屏行为往往伴随着静态的身体姿势，可能导致其在相对静态的状态下花费较长的时间，这种行为通常伴随着久坐。

专家说

儿童青少年的视屏时间受到国内外学者的广泛关注，大多数研究把儿童青少年的视屏时间看作是久坐时间，然而视屏时间仅构成总久坐时间的一部分。根据2016年《加拿大儿童与青少年24小时活动指南：体力活动、久坐行为和睡眠的整合》，与总久坐时间相比，视屏时间（尤其是看电视时间）与健康指标的关系更为密切，而且不同类型的久坐行为可能对不同的健康指标产生不同的影响。研究证据表明，较长的视屏时间和/或较高的电视观看频率与不正常的身体成分及代谢疾病风险升高密切相关；较长的看电视和玩电子游戏时间与不良的行为举止/社会行为指标相关；较长的视屏时间与较低的体能和自尊相关。此外，该研究证据还表明，较少的久坐行为（尤其是视屏时间）与较好的健康指标状况相关。目前，考虑到电子设备的普及和娱乐媒体软件的流行，我国儿童青少年群体沉迷于"短视频""直播"等娱乐媒体频道，电子视屏行为逐渐从看电视等传统视屏方式转移到娱乐新媒体的使用，另外，考虑到学生群体学习方式的变化，使用电子产品进行线上学习逐渐流行，儿童青少年的电子视屏行为应当引起极大的关注和重视。

（陈亚军）

19. 学生如何减少久坐对健康的影响

久坐行为逐渐成为现代生活的"流行"现象，在学生中也普遍存在。久坐行为与健康问题密切相关。积极参与体力活动、改善不良生活方式，能够有效地减少久坐对健康造成的不良影响。

专家说

学生可通过采取一系列积极的健康行为减少久坐对健康的影响。首先，设定活动目标。学生可以设定每天的活动目标，与朋友或同学结成伙伴，互相支持和鼓励，共同完成每天的活动，增加达成目标的动力和乐趣。其次，鼓励站立学习。学校可以组织活跃的课堂活动，如活动式学习、站立学习等，鼓励学生在学习过程中减少坐姿时间。再次，设置活动间隙。学生在学习期间或视屏时间段之间设置定期活动间隙，进行短暂的伸展、走动或简单的运动，帮助缓解久坐的压力。最后，积极参与体力活动。学生在课余时间可选择积极参与体力活动，如学校体育活动、户外运动、家庭运动等，并且可选择步行或骑自行车上学。通过养成积极的活动行为习惯，学生能够在日常生活中有效减少久坐时间，不仅有助于减少久坐带来的健康问题，还能培养积极的生活态度和健康的生活方式。

关键词

久坐行为　健康影响

健康加油站

减少久坐对学生健康的影响至关重要，不仅能够降低多种慢性疾病的风险，还有助于减少焦虑、抑郁等心理健康问题，积极参与体力活动还可以促进与同伴之间的交往和互动，培养团队协作能力、领导力和社会责任感。此外，积极和活跃的生活方式有助于提高学生的专注力、学习效率和学业表现。通过多方面的预防和干预，建立更健康、活跃、有益的社会环境，帮助学生形成更健康、积极的生活方式，有助于促进其身心全面发展。减少学生久坐的意义更涉及整体社会的发展以及教育水平、心理健康和社会公平等多个方面。通过共同努力，我们可以创造更有益于学生全面发展的环境，推动社会朝着更加健康、积极的方向发展。

（陈亚军）

第二章

吃对吃好——
营养配餐的秘密

一

营养配餐：
合理搭配
保证食物多样性

1. 学校配餐中的"31225"代表什么

学校配餐"31225"指的是一日三餐应提供谷薯类、新鲜蔬菜水果、鱼禽肉蛋类、奶类及大豆类四类食物中的三类及以上，尤其是早餐。推荐平均每天摄入 12 种以上食物，每周的学生餐食物种类不少于 25 种，合理搭配保证食物多样化。

专家说

食物多样是平衡膳食模式的基本原则，只有由多种食物组成的膳食才能满足人体对能量和各种营养素的需要，因此，学校配餐要重点考虑食物的种类和数量。推荐平均每天摄入 12 种以上食物，每周 25 种以上食物（烹调油和调味品除外）。若按照食物分类，每天的膳食应包括谷薯类（至少 3 种）、蔬菜水果类（至少 4 种）、鱼禽肉蛋类（至少 3 种）、奶类及大豆类（包括坚果，至少 2 种）等食物。早餐摄入 3~5 个品种，午餐摄入 4~6 个品种，晚餐摄入 4~5 个品种。小份量选择、同类食物互换、粗细搭配、荤素搭配、色彩搭配，有利于实现食物多样化。

学校配餐时，可以考虑哪些选择，如何进行交换？
谷薯类：推荐包括米、面、杂粮和薯类等，可用杂粮或薯类部分替代米或面，避免长期提供一种主食。蔬

关键词

配餐　食物种类

菜水果类：每天提供至少 3 种新鲜蔬菜，一半以上为深绿色、红色、橙色、紫色等深色蔬菜；适量提供菌藻类；有条件地区每天提供至少一种新鲜水果，尽量提供当季时令鲜果，建议在午餐或加餐时提供。鱼禽肉蛋类：禽肉与畜肉互换，鱼与虾、蟹等互换，各种蛋类互换；优先选择水产类或禽类；畜肉以瘦肉为主，少提供肥肉；每周提供 1 次动物肝脏，每人每次 20~25g；蛋类可分一日三餐提供，也可集中于某一餐提供；鱼类要考虑安全性，多刺的鱼类应慎用，尽量选择刺少、易取肉的鱼类。奶类及大豆类：平均每人每天提供 300g 以上牛奶或相当量的奶制品，如酸奶等；奶类及奶制品可分一日三餐提供，也可集中于某一餐提供，或课间餐提供；乳饮料不能代替奶及奶制品；每天提供各种大豆或大豆制品。

健康云课堂

怎样预防儿童青少年肥胖

（刘　顺　马　军）

2. 学校配餐如何选择
优质蛋白质含量较高的食物

食物中容易被人体消化吸收，氨基酸模式比较接近人体蛋白，生物利用率比较高的蛋白质被称为优质蛋白质。富含优质蛋白质的食物包括瘦肉、禽、鱼、虾、鸡蛋、大豆类、牛奶等，可以作为学校配餐中优先选择的作为蛋白质摄入来源的食物。

关键词：优质蛋白质 食物

专家说

蛋白质是人体必需的营养物质，蛋白质在身体的结构组成、功能和代谢中起着重要的作用，对于健康和正常生理功能的维持至关重要。各种食物的蛋白质含量、氨基酸模式等都不一样，人体对不同蛋白质的消化、吸收和利用程度也存在差异。营养学上，主要从食物的蛋白质含量、消化吸收程度和被人体利用程度三方面来评价食物蛋白质的营养价值。蛋白质广泛存在于动植物性食物中。动物性蛋白质质量好，利用率高，而植物性蛋白质利用率较低。因此要注意蛋白质互补，适当进行搭配是非常重要的。大豆可提供丰富的优质蛋白质，其对人体健康的益处也越来越被认可；牛奶也是优质蛋白质的重要食物来源，但我国人均牛奶的年消费量较低，应大力提倡我国各类人群增加牛奶和大豆及其制品的摄入。

一 营养配餐：合理搭配保证食物多样性

关键词

矿物质　维生素　缺乏

健康加油站

简单来讲，食物中的蛋白质含量高、在人体被消化吸收的程度高、氨基酸评分高则为优质蛋白质。根据这几个指标，大体可以将各种食物蛋白质按营养价值高低分为完全蛋白质、半完全蛋白质和不完全蛋白质。完全蛋白质也叫优质蛋白质，包括蛋、奶、禽畜肉、鱼虾等动物性蛋白质以及大豆蛋白。其中，鸡蛋蛋白质与人体氨基酸模式最接近，是物美价廉的优质蛋白质食物，水煮蛋的消化利用率更好。半完全蛋白质含有的必需氨基酸种类尚全，但数量不足，比例不太恰当，营养价值相对较低，虽可维持生命，但不能促进生长发育。谷类、薯类、蔬菜等大多数植物蛋白都是半完全蛋白。不完全蛋白质含有的必需氨基酸种类不全，既不能维持生命，也不能促进生长发育。例如，动物结缔组织的胶原蛋白、玉米胶蛋白等。

（刘　顺）

3. 学校配餐如何避免儿童青少年"隐性饥饿"的风险

目前我国儿童青少年能量、脂肪、蛋白质摄入基本充足，但是面临着矿物质和维生素等营养素摄入不足的"隐性饥饿"风险。在儿童青少年中，钙、铁、锌、维生素 A 以及维生素 D 是几种常见的容易缺乏的营养素，学校配餐在保证膳食平衡的前提下，应注意搭配上述营养素丰富的物质。

专家说

矿物质，又称无机盐，是地壳中自然存在的化合物或天然元素，是构成人体组织、参与机体代谢、维持生理功能所必需的物质，在体内不能合成，必须从外界摄取。维生素是维持机体生命活动过程所必需的一类微量的低分子有机化合物，大多数维生素在机体内不能合成，也不能大量储存于机体组织中，即使能合成，也难以满足机体的需要，因此必须由食物提供。儿童青少年生长迅速，是矿物质和维生素缺乏的高危人群。相较显性饥饿患者因能量、蛋白质、脂肪等摄入不足导致营养不良，呈现出体重减少、瘦弱不堪的体态，隐性饥饿患者个体可能呈现出"健康"的体态，但隐性饥饿会增加癌症、糖尿病、心血管疾病等慢性病的风险，会影响人的智力、体力和免疫力，严重危害身体健康。

学校配餐时可提供下列推荐营养素含量丰富的食物。

（1）**富含钙的食物**：虾皮、奶及奶制品、芝麻、海产品、豆类及坚果等。

（2）**富含铁的食物**：黑木耳、紫菜、芝麻酱、动物肝脏、动物血等。

（3）**富含锌的食物**：扇贝、鱿鱼、墨鱼、香菇等。

(4) 富含碘的食物：海带、紫菜、贻贝、海鱼等。

(5) 富含维生素A的食物：动物肝脏、蛋类、深色蔬菜和水果等。

(6) 富含叶黄素的食物：韭菜、菠菜、茴香、苋菜、小白菜等。

(7) 富含维生素B_1的食物：葵花籽仁、辣椒、青豆、花生仁等。

(8) 富含维生素B_2的食物：猪肝、核桃、花生仁、鸡蛋等。

(9) 富含维生素C的食物：深绿色的新鲜蔬菜和水果等。

如果日常食物提供的营养素不能满足学生生长发育的需求，可使用微量营养素强化食物，如强化面粉或大米、强化酱油或强化植物油等。

隐性饥饿： 通常也称为微量营养素缺乏症，是指生长和发育以及维持最佳健康所需的维生素和矿物质持续供应不足。由于这些化合物中的一些被认为是必需品（我们需要从饮食中获得它们），因此微量营养素缺乏往往是摄入不足的结果。然而，它也可能与肠道吸收不良，某些慢性疾病的存在和需求增加有关。

（刘　顺）

4. 如何区分**无公害农产品、绿色食品、有机产品**

国家规定三种食品有专门的食品标志，可根据食品标志进行区分。

专家说

无公害农产品生产过程中允许限量、限品种、限时间地使用人工合成的安全的化学农药、兽药、渔药、肥料、饲料添加剂等。从保证消费者安全的角度，应该将无公害农产品作为对农产品安全质量的基本要求。

绿色食品比一般食品更强调"无污染"或"无公害"的安全卫生特征，具备"安全"和"营养"的双重质量保证。绿色食品标准分为 A 级和 AA 级两个技术等级，二者都要求产地的环境质量符合行业标准 NY/T 391—2021《绿色食品 产地环境质量》，前者生产过程中严格按绿色食品生产资料使用准则和生产操作规程要求，限量使用限定的化学合成生产资料，并积极采用生物方法，保证产品质量符合绿色食品产品标准要求；后者生产过程中不使用化学合成的农药、肥料、食品添加剂、饲料添加剂、兽药及有害于环境和人体健康的生产资料，而是通过使用有机肥、种植绿肥、

关键词

无公害农产品 绿色食品 有机产品

作物轮作、生物或物理方法等技术，培肥土壤、控制病虫草害，保护或提高产品品质，从而保证产品质量符合绿色食品产品标准要求。

有机食品指根据有机农业生产的规范生产加工，并经独立的认证机构认证的农产品及其加工产品。与传统农业相比，有机农业在生产中不采用基因工程获得的生物及其产物，不使用化学合成的农药、化肥、生长调节剂、饲料添加剂等物质，遵循自然规律和生态学原理，协调种植业和养殖业的平衡，采用一系列可持续发展的农业技术以维持持续稳定的农业生产体系。有机食品与绿色食品、无公害食品比较，其安全质量要求更高，AA级绿色食品在标准上与有机食品类似。

目前中国有机产品认证标志有两种——中国有机产品标志和中国有机转换产品标志，而国内众多的有机食品认证机构使得有机食品标识更为丰富多样，难以记忆。新修订的《有机产品认证实施规则》的实施使辨别工作变得简单。新的认证规则下，每一种有机食品的包装上都贴有一张标签，刮开可获得一个有机码，到中国食品农产品认证信息系统查询，就可以了解到对应食品的名称、包装规格、认证机构和生产企业。

AA级　　　　　　A级

（刘　顺）

5. 学校配餐有哪些**禁用**或**慎用**的食品

关键词：学校配餐　禁用食品　慎用食品

　　为了保证食品安全，学生餐应采购、使用符合食品安全标准的食品、食品添加剂和食品相关产品，应保证食材新鲜，禁用或慎用高风险食品。

专家说

　　学校由于人员相对密集，就餐相对集中，是食源性疾病的高危场所，尤其是中小学。研究发现，蔬菜类、粮食类、肉类是引起暴发事件的主要食品。为了保证食品安全，禁止采购或使用：超过保质期的食品、食品添加剂；腐败变质、油脂酸败、霉变生虫、污秽不洁、混有异物、掺假掺杂或者感官性状异常的食品、食品添加剂；未按规定进行检疫或者检疫不合格的肉类，未经检验或者检验不合格的肉类制品；不符合食品安全标准的食品原料、食品添加剂以及消毒剂、洗涤剂等食品相关产品；法律法规中规定的其他禁止生产经营或者不符合食品安全标准的食品、食品添加剂、食品相关产品。另外，学生餐菜肴应保证食材新鲜，不应外购直接入口的熟食品或预包装食品；不得采购、贮存、使用亚硝酸盐（包括亚硝酸钠、亚硝酸钾）；不得制售冷荤类食品、生食类食品、裱花蛋糕，不得加工制作四季豆、鲜黄花菜、野生蘑菇、发芽土豆等高风险食品。常见慎用食品有贝类（贻贝、扇贝、蛤蜊、牡蛎、生蚝、蛏子等）；扁豆、豇豆、芸豆、蚕豆；易引起组胺中毒的青皮红肉的海产鱼类（鲐鱼、青条鱼、秋刀鱼、金枪鱼、沙丁鱼等）；易残留有毒有害物质而不符合食品安全标准的原料：猪肺、猪肝、猪心等动物内脏器官。省、自治区、直辖市食品安全监督管理部门可以结合实际制定本地区中小学、幼儿园集中用餐不得制售的高风险食品目录。

健康术语

预制菜： 预制菜也称预制菜肴，是以一种或多种食用农产品及其制品为原料，使用或不使用调味料等辅料，不添加防腐剂，经工业化预加工（如搅拌、腌制、滚揉、成型、炒、炸、烤、煮、蒸等）制成，配以或不配以调味料包，符合产品标签标明的贮存、运输及销售条件，加热或熟制后方可食用的预包装菜肴，不包括主食类食品，如速冻面米食品、方便食品、盒饭、盖浇饭、馒头、糕点、肉夹馍、面包、汉堡、三明治、比萨等。在没有统一的国家标准体系、认证体系、追溯体系等有效监管机制，未取得广泛共识的情形下，对预制菜进校园应保持审慎，加强监管。

（刘　顺）

二

一日三餐：
营养与美味的
双重追求

6. 学生的**一日三餐**如何**分配**才更科学更营养

学生的一日三餐应该根据每人生理状况和学习需要来进行科学分配，早餐、午餐、晚餐提供的能量和营养素应分别占全天总量的25%~30%、35%~40%、30%~35%，按食量分配，早、中、晚三餐的比例为3∶4∶3。

专家说

在食物构成上，早餐要注意选择营养丰富且易于消化的食物，早餐应提供谷薯类、奶类及大豆类、蛋类，可提供新鲜蔬菜水果类、鱼禽肉类；午餐起着承上启下的作用，要保证足够的能量，食物中应包括谷类、豆类、鱼或肉、蔬菜、水果，最好能有菌类；晚餐宜清淡，忌油腻，选择富含膳食纤维的食物，这类食物既增加饱腹感又促进肠胃蠕动。晚上要学习做功课的学生，可以晚餐后2小时喝一杯牛奶，吃一个苹果等，起缓解饥饿、提高学习效率的作用，但睡前半小时不宜再进食。学龄前儿童胃容积相对较小，加之该年龄段孩子活泼好动，易饥饿，所以学龄前儿童除了正餐之外，在三餐之间，还需要适量补充零食，晚餐时间比较早时，可以在睡前2小时安排一次加餐。零食提供的能量不宜超过一天总能量的10%，零食可以是水果、奶制品、坚果等，其所提供的营养素，可

关键词

三餐　营养比例　分配

作为正餐之外的一种补充。学生每天的能量供给量应达到标准值的 90%~110%，蛋白质应达到标准值的 80%~120%；优质蛋白质应占蛋白质供给量的 40%~50%。

（刘　顺）

7. 学校配餐需要遵循哪些原则

关键词：学校配餐　原则

学校配餐应遵循科学营养和安全卫生的总体原则，在满足中小学生生长发育所需能量和营养素需要的基础上，做到品种多样，预防缺乏，控油限盐，合理安排就餐时间和因地制宜。

专家说

制订食谱时应考虑学生年龄及性别等因素，要满足人体能量与营养素的需求，应参照《中国居民膳食营养素参考摄入量（2023 版）》《中国居民膳食指南（2022）》和《学生餐营养指南》（WS/T 554—2017）。学校食堂或校外供餐单位应按照《中华人民共和国食品安全法》及其实施条例、《餐饮服务食品安全操作规范》和《学校食品安全与营养健康管理规定》等法律法规要求，严把学生餐卫生质量关，牢牢守住食品安全底线。配餐时为了实现多样性，在满足中小学生生长发育所需能量和营养素需要的基础上，要求做到品种多样，预防缺乏，控油限盐，合理安排就餐时间和因地制宜。参考主要食物交换表进行互换，保证品种多样；经常提供矿物质和维生素含量丰富的食物，预防铁、钙、锌等元素缺乏；控制每人每天烹调油用量，6~10岁儿童不超过25g，11岁以上不超过30g；控制食盐每天摄入量，6~10岁儿童不超过4g，11岁以上不超过5g；早餐宜安排在6：30—8：30、午餐宜安排在11：30—13：30、晚餐宜安排在17：30—19：30。根据当地的食物品种、季节特点和饮食习惯等具体情况，结合中小学生营养健康状况和体力活动水平配餐。学校可以周为单位，确保平均每日供应量达到标准的要求，同时向学生和家长公布每天的带量食谱。

健康加油站

主要食物交换表（WS/T 554—2017）

能量含量相当于 50g 大米、面的谷薯类

食物名称	重量 /g	食物名称	重量 /g	食物名称	重量 /g
稻米或面粉	50	米饭	籼米 150，粳米 110	米粥	375
米粉	50	馒头	80	面条(挂面)	50

续表

食物名称	重量/g	食物名称	重量/g	食物名称	重量/g
面条（切面）	60	花卷	80	烙饼	70
烧饼	60	面包	55	饼干	40
鲜玉米（市售）	350	红薯、白薯（生）	190		

可食部相当于 100g 的蔬菜

食物名称	重量/g	食物名称	重量/g	食物名称	重量/g
白萝卜	105	菠菜、油菜、小白菜	120	番茄	100
甘蓝	115	甜椒	120	大白菜	115
黄瓜	110	芹菜	150	茄子	110
蒜苗	120	冬瓜	125	菜花	120
韭菜	110	莴笋	160		

可食部相当于 100g 的水果

食物名称	重量/g	食物名称	重量/g	食物名称	重量/g
苹果	130	柑橘、橙	130	梨	120
香蕉	170	桃	120	西瓜	180
鲜枣	115	柿子	115	葡萄	115
菠萝	150	草莓	105	猕猴桃	120

可食部相当于 50g 鱼肉的鱼虾类

食物名称	重量/g	食物名称	重量/g	食物名称	重量/g
草鱼	85	大黄鱼	75	鲤鱼	90
带鱼	65	鲢鱼	80	鲅鱼	60
鲫鱼	95	平鱼	70	武昌鱼	85
墨鱼	70	虾	80	蛤蜊	130

蛋白质含量相当于 50g 瘦猪肉的禽畜肉

食物名称	重量 /g	食物名称	重量 /g	食物名称	重量 /g
瘦猪肉（生）	50	羊肉（生）	50	猪排骨（生）	85
整鸡、鸭、鹅（生）	50	肉肠（火腿肠）	85	酱肘子	35
瘦牛肉（生）	50	鸡胸	40	酱牛肉	35

蛋白质含量相当于 50g 干黄豆的大豆制品

食物名称	重量 /g	食物名称	重量 /g	食物名称	重量 /g
大豆（干黄豆）	50	豆腐（北）	145	豆腐（南）	280
内酯豆腐	350	豆腐干	110	豆浆	730
豆腐丝	80	腐竹	35		

蛋白质含量相当于 100g 鲜牛奶的奶类

食物名称	重量 /g	食物名称	重量 /g
鲜牛奶（羊奶）	100	奶粉	15
奶酪	10	酸奶	100

（刘　顺）

8. 为什么要**减油控盐**

关键词

减油 控盐

随着人们生活水平的不断提高，慢性病如高血压、糖尿病、高脂血症等疾病逐步成为威胁国人健康的主要杀手。盐摄入过量会对人体造成危害，大量的科学证据证明它是高血压的危险因素，高血压可以导致脑卒中、冠心病等。油的能量高，不容易消耗，摄入过量易导致血脂、血糖和血压增高，并增加肥胖风险。

专家说

如何进行减油控盐呢？可以通过以下措施进行。

学生餐应清淡，每人每天烹调油用量不超过30g；控制食盐摄入，包括酱油和其他食物的食盐在内，提供的食盐不超过每人每天5g；人均每日添加糖摄入量不高于25g。采取有效措施，控油限盐减糖。减少盐腌制、动物油脂类食物；减少需要过油处理的菜肴；炖汤、炖肉时去掉浮油。少备咸菜等含盐量高的食物；炒菜起锅时再加咸味调味品，减少食盐等调味品用量。

家庭或个人减油措施：①采用控油壶从总量减少食用油的摄入，培养自觉控油的行为习惯。②选择合理的烹调方法以减少用油量，如蔬菜可采用蒸、煮、白灼、凉拌等无油、少油的烹调方法，减少"炒菜"的频率；动物性食物采用蒸、炖、煮和焖等方式代替油炸、油煎。③尽量少吃油炸食品，如炸鸡腿、炸丸子、炸薯条、炸鸡翅、油条油饼等。④不喝油腻的菜汤、不用菜汤拌饭：烹调菜品时一部分油脂会留在菜汤里，建议不要喝油腻菜汤或用菜汤拌饭食用，只喝清淡无油或少油的菜汤。⑤少用动物性油脂，限制反式脂肪酸摄入。食物中反式脂肪酸少部分来自天然食物（主要是反刍动物如牛羊肉以及奶和奶制品），绝大部分来自加工食品，主要包括部分氢化的植物油、精炼的植物油、长时间的高油温烹饪食品等。⑥学会阅读食品标签，选择标注"无脂肪"或"低脂肪"等脂肪含量低的预包装食品。

家庭或个人减盐措施包括：①多食新鲜蔬果，少吃榨菜、咸菜和酱制食物，每餐都有新鲜蔬果。②少食用含盐的加工类食品，少吃加工肉制品，尽量选择新鲜的肉类、水产品和蛋类。③学会阅读食品标签，少吃或不吃含盐较高的零食。④纠正过咸口味，培养清淡口味。⑤炒菜起锅时再加咸味调味品，减少食盐等调味品用量。

健康术语

反式脂肪酸： 也称反式脂肪，是碳链上含有一个或以上非共轭反式双键的不饱和脂肪酸及所有异构体的总称。

（刘　顺）

9. 为什么说蒸是最健康的烹饪方式

关键词

烹饪方式 健康

蒸是利用水蒸气的高温烹饪食物的方法，保持了菜肴的原形、原汁、原味，比起炒、炸、煎等烹饪方法，能在很大程度上保留食物的各种营养素，不会产生有毒有害物质，更符合健康饮食的要求。

专家说

烹饪方法从大类上分为四种：一是油传热，如炒、煎、炸；二是水传热，如煮、炖、煨；三是汽传热，如蒸；四是其他，如卤、拌等。蒸、煮、焖、炖（煨）都是把食物原料加入汤水及调味品长时间烧煮，均可以最大限度保存各种营养素，也不易产生较多有害健康的物质。但煮、焖、炖（煨）长时间的加热，可能会使得大量油脂出来。而炒、炸、煎、烤等烹饪方法均是通过较高温度，甚至接触明火的方式加工食物，破坏营养素的同时也产生多种有毒有害物质，可能损害健康。蒸菜中水的沸点是100℃，可以使营养物质较多地保留下来，食物中所含的多酚类营养物质，如黄酮类的槲皮素等含量显著高于其他烹调方法。同时，蒸的食物相对更软、更烂，更有助于消化，也更加适合消化系统不好的人食用。

然而，炒、煎、炸虽然产生有毒有害物质，但可能也会改善脂溶性维生素的吸收，并使食物呈现出不同的风味。从毒理学角度来说，慢性毒物长期接触以后可能才引起病理损害。因此，学校学生餐的烹饪方法推荐以蒸、煮、焖、炖为主，为了增加风味，适当使用炒、煎、炸的方式。

健康加油站

怎么做蒸菜最健康？将蒸菜做得美味又健康，重点在于食材的新鲜和火候的掌握。由于蒸菜最大的特点在于保持食物的原形和营养不损坏，且蒸制时原料中的蛋白质不易溶解于水，调味品也不易渗透到原料中，故食物质地更鲜嫩、多汁。根据食材的不同，蒸菜的火候也分为猛火、中火和慢火三种。用旺火沸水速蒸，适用于味道鲜美的原料，如鱼类等，时间为15分钟左右；对质地粗老，要求蒸得酥烂的原料，应采用旺火沸水长时间蒸，如香酥鸭、粉蒸肉等；原料鲜嫩的菜肴，如蛋类等，应采用中火、小火慢慢蒸。

（刘　顺）

10. 学龄期为什么要加强**食育**

关键词：食育

"食育"不同于"营养教育"和"健康教育"，既不是枯燥的知识学习，也不是儿童饮食教育，而是通过满足身心需要的愉快实践培养受教育者科学的饮食、生活习惯和完美人格，实现个体全面发展的过程。学龄期是一个人饮食行为习惯和生活方式形成的关键时期，从这个阶段开始培养健康饮食行为习惯和生活方式将使个体受益终身。

专家说

《中国学龄儿童膳食指南（2022）》核心推荐之一就是让学龄儿童主动参与食物选择和制作，提高营养素养。营养素养与膳食营养摄入及健康状况密切相关。学龄儿童应主动学习营养健康知识，建立为自己的健康和行为负责的信念；主动参与食物选择和制作，并逐步掌握相关技能。家庭、学校和社会应构建健康食物环境，帮助他们提高营养素养、养成健康饮食行为习惯、做出正确营养决策、维护和促进自身营养与健康。

食育的内涵主要体现在科学知识、道德伦理、人文思想和可持续发展意识4个方面：①科学知识方面，以食品科学、营养学、生命科学等为学科基础，渗透相关食品常识、烹饪知识、饮食文化、营养与健康知识、食品安全知识等；②道德伦理方面，以符合当今社会的价值观念为支点，进行食育价值理念的传递，如负责任地从自然界中摄取食物，对食物提供者心存感恩之心，反对食物浪费等行为；③人文思想方面，以中国优秀传统饮食文化为支撑，以哲学、历史、社会学、人类学、教育学等人文社科知识体系为载体，传承中华优秀饮食文化；④可持续发展意识方面，认识到食物是生命的源头，依据可持续发展理念，正确处理环境保护、食物与环境的关系，理解"应时、取宜、守则、和谐"农耕思想，形成三才合一（天、地、人）、顺应自然、人与自然和谐相处的理念，如吃应季食品，进行耕种体验，尊重生命，享受食物带来的幸福与美好等。

健康术语

食育： 为传播饮食及相关知识，推广良好的饮食文化，促进受众身心健康而进行的教育。最早由日本著名的养生学家石冢左玄于1898年提出。

（刘　顺）

三

零食小课堂:
正确选择零食和
控制零食摄入

11. 课间食用零食是好是坏

学龄儿童正处于生长发育的关键时期，合理食用零食有助于能量补充及营养摄入，且零食作为正餐之外的辅餐，可缓解饥饿，达到少量多餐的效果。不健康及过量的零食摄入会影响正餐的摄入，导致营养不均衡，以及增加龋齿、肥胖等慢性病的发病风险。

关键词：零食　营养

专家说

零食是指一日三餐之外吃的所有食物，包括饮料，不包括水。学龄期是生长发育的关键时期，学龄儿童活动量大，代谢旺盛，每天需要足够的能量及营养素，以支持其日常学习和运动。丰富的正餐与适量的加餐是学龄儿童获得全面营养的保障。

零食作为正餐之外的食物摄入，可缓解学生课间饥饿。健康的零食也富含营养物质，如蛋白质、矿物质、维生素等，合理食用零食可以补充相应营养物质，有助于满足学生日常能量需求和体格发育需要。但须注意的是，许多作为零食的食品中都含有较多的盐、添加糖、油，长期大量食用高盐、高糖和高脂肪食物可增加肥胖、血脂异常、心脑血管疾病、糖尿病和骨质疏松症等的发生风险，高糖零食还是龋齿的危险因素。

健康加油站

学龄儿童正处于长知识、长身体的时期。由于早晨时间紧张，早餐可能食物种类少、营养单一或口味单调，影响儿童的食欲，可能影响学习的效果。在这种情况下，如果在课间适量摄入零食，补充能量，学生能更集中精神听课学习，身体素质也会有所提高。

（熊静帆）

关键词

零食选择　零食分类

12. 应该怎样**选择**课间食用的**零食**

零食食用原则：吃好正餐，适量加餐，少量零食。学龄期是生长发育的关键时期，该阶段三顿丰富的正餐与适量的加餐是学龄儿童获得全面营养的保障。如果需要添加零食，应该少量，且选择易消化、营养丰富的零食，避免影响进食正餐。

专家说

课间优先选择水果、奶类和坚果，作为正餐营养需求的必要补充，避免食用含糖饮料、膨化食品、油炸类食品、含糖饮料等高盐、高糖、高脂肪零食。

坚果属于高能量食物，但含有较高水平的不饱和脂肪酸、维生素 E 等营养素，是人体必需脂肪酸的良好来源，是膳食的有益补充。水果是维生素、矿物质、膳食纤维和植物化学物的重要来源。奶类营养成分丰富、组成比例适宜、易于消化吸收，是营养价值高的天然食品，能够提供优质蛋白质、钙、维生素 B_2 以及人体所需的脂肪酸。此外，奶类中的乳糖能促进钙、铁、锌等矿物质的吸收，满足人体微量营养素的需要，对保持人体肠道正常功能及降低慢性病的发生风险有重要意义。

（熊静帆）

关键词：正餐 零食 营养

13. 为什么不能用零食代替学校的正餐

零食提供的能量不要超过每日总能量的 10%，应以正餐为主，零食的营养成分单一，且不健康的零食营养密度低，能量密度高，不如正餐营养成分丰富，代替正餐食用会导致营养不良。

专家说

平衡膳食是满足营养需求、保障健康的基础。平衡膳食意味着：第一，摄食者得到的热量和营养素都能满足生理需要；第二，摄入的各营养素间具有适当的比例，能达到生理上的平衡。制定膳食营养素供给量标准的基本原则在于确保平衡膳食。

平衡膳食模式中碳水化合物供能占膳食总能量的50%~65%，蛋白质占10%~15%，脂肪占20%~30%，此外包含适量的微量营养素。这些营养需求分布在以一日三餐为主的日常饮食摄入中。正餐的食物不仅要保证数量，还要保证质量。合理搭配一日三餐，保证平均每日摄入12种以上食物，每周摄入25种以上。按照一日三餐分配食物种类，早餐摄入3~5种，午餐摄入4~6种，晚餐摄入4~5种，加上零食1~2种。正餐是保证平衡膳食的基础，零食可额外作为营养补充，补充正餐缺乏的营养成分。

正餐中食物种类较多，营养成分丰富，包括薯类、谷类、禽畜类、水产品、蔬菜、水果、奶类、蛋类等，可满足儿童青少年日常能量需求和营养成分需要，促进儿童青少年体格生长发育。零食只能作为正餐外的营养、能量补充，不能完全代替正餐。大部分零食营养密度低，能量密度高，过量食用零食不仅导致能量过剩，还会影响其他营养素的摄入，破坏平衡膳食，零食代替正餐会导致营养不均衡，影响学龄儿童的正常生长发育和健康，甚至增加其患心血管疾病、糖尿病等慢性疾病的风险。

健康术语

平衡膳食： 又称合理膳食或健康膳食，在营养学上指全面达到营养素供给量的膳食。

（熊静帆）

关键词：零食 正餐 时间间隔

14. 如何安排零食和学校正餐的时间间隔

可在正餐之间吃一些零食，作为饥饿时的补充。吃零食的时间不要离正餐时间太近，最好间隔1.5~2小时，每天吃零食的次数不应超过3次，每次吃零食的量不宜过多，以不影响正餐食欲和食量为原则。

专家说

研究表明，饥饿感在下午5点到晚上9点之间达到峰值，这与胃饥饿素在下午的分泌最多一致，而凌晨1点至5点饥饿感最低。适当的零食摄入有利于调节两餐之间的饱腹感激素，防止在下一餐之前有强烈的饥饿感。所以课间的零食显得尤为重要，还可以防止在接下来的几个小时内过度进食。

在健康人群中，在两餐之间食用1~2种营养和热量平衡的零食有助于达到健康食品的推荐消费水平，

三　零食小课堂：正确选择零食和控制零食摄入

关键词: 情绪性进食　零食

此种饮食模式还可以缓解进食次数少、能量含量高导致的消化和代谢负荷。

上午课间零食可以与下午课间零食有所区分。一些儿童由于早餐吃得过少、过于单一甚至不吃早餐的原因，在上午的后半段容易出现饥饿感，在培养儿童吃早餐的习惯以及保证早餐数量和质量的前提下，可以在上午课间摄入一些零食以缓解饥饿感，以易消化、能量较少的零食为主，防止影响正餐进食。下午课间零食尽量选择一些营养素含量高而热量含量低的食物，以满足下午学习及体育活动需要，并根据实际情况进行调整，如水果、乳制品、全麦面包或饼干、坚果和能量棒等。吃零食的时间不要离正餐时间太近，最好间隔1.5~2小时，在正餐前2小时吃，不影响正餐摄入。

（熊静帆）

15. 如何避免学业压力带来的情绪性零食食用

学龄期学业压力逐渐增大，一些学生容易发生情绪性进食行为，情绪化进食问题较严重的个体在消极情绪状态下会大量进食安慰性食品，比如蛋糕、巧克力等，进而导致个体体重指数的上升，长期的情绪化进食会导致远期的疾病负担。

专家说

在物质极大丰富的今天，食物种类多样且易于获得，进食不仅是对个体饥饿生理信号的反应，还常常被用来减轻压力和调节情绪。然而，情绪化进食者不能区分饥饿信号和不适的情绪信号，容易出现过量进食。情绪调节进食理论认为进食不是为了满足生存需要，摄取必要的营养物质，而是为了应对消极情绪，虽然这种行为能短暂缓解消极情绪，但从长远来说，这对身体的伤害远远大于益处。

在压力较大时，胃饥饿素分泌更加旺盛，因此饥饿感会更强。除此之外，情绪状态和食物选择之间存在相关的神经机制。因此，有必要对情绪化进食人群进行干预，减少情绪化进食的不利影响。

健康加油站

负性情绪水平高的学生自我控制的能力较弱，更容易出现冲动行为，比如情绪化进食行为。因此，应该对学业压力带来的情绪性进食进行及时干预。

可以将情绪调节作为情绪化进食的一个可行治疗目标，家长和学校应注意学生的情绪状态和日常饮食习惯，及时帮助学生调节情绪，请专业的心理咨询老师对学生进行心理疏导。

提倡课间运动，不管是中等强度还是高强度的运动，都能对情绪性进食直接产生影响，也可以通过降低压力水平、提高情绪调节能力来减少情绪性进食，长期的有规律的运动可以减少情绪性进食者的情绪性进食行为问题，而短时的中高强度运动可以增加情绪性进食者对水果蔬菜等健康食物的渴求，减少对甜食等不健康食物的渴求，帮助学生建立更加健康的饮食消费模式。

（熊静帆）

四

食品安全:
预防食源性疾病

16. 为什么在学校也需要预防"病从口入"

关键词：食品安全　食源性疾病

食源性疾病是我国乃至全球范围内重要的公共卫生问题，也是食品安全的"头号敌人"。学校是学生集体学习和生活的聚集场所，因其人群密度大、流动性强且相对封闭的特点，容易成为食源性疾病流行的场所。

专家说

学生营养餐多为集中配餐，由学校食堂或供餐企业提供，其加工、制作、配送过程环节多，链条长；学校食堂是学生集中进食的场所，人群密度大，流动性强且相对封闭。因此，学校发生食源性疾病的风险高，且后果严重。

食源性疾病通常具有传染性或中毒性质，由细菌、病毒、寄生虫或化学物质经受污染的食物或水进入人体导致。常见的食源性疾病包括由细菌、病毒、真菌、寄生虫、有毒动植物、化学物质等病原引起的疾病。

沙门菌、弯曲杆菌和肠出血性大肠埃希菌是最常见的食源性病原体，每年影响数百万人，有时导致严重后果，感染后常见症状包括发热、头痛、恶心、呕吐、腹痛和腹泻。沙门菌疫情涉及的食物包括蛋类、家禽和其他动物源性产品。弯曲杆菌引起的食源性疾病主要是由原料奶、生的或未煮熟的家禽以及饮用水所致。肠出血性大肠埃希菌感染与饮用或食用未经消毒的牛奶、未煮熟的肉类以及新鲜水果和蔬菜有关。李斯特菌感染虽然发病率较低，但后果严重，有时可能导致生命危险，尤其是在婴儿、儿童和老年人当中，因此被列为最严重的食源性感染之一。李斯特菌见于未经消毒的奶制品和各种即食食品，并可能在冷藏温度下滋生。

健康术语

食源性疾病：指食品中致病因子进入人体引起的感染性、中毒性等疾病，包括食物中毒。致病因子包括生物性（如细菌及其毒素）、物理性（如放射性物质）、化学性（如农药残留）三大类。基本要素包括：①食物是携带和传播病原物质的媒介；②导致人体罹患疾病的病原物质是食物中所含的各种致病因子；③临床特征为急性和亚急性中毒或感染。

（熊静帆）

17. 为什么学校食堂在食品加工和存放过程中要**生熟分开**

关键词

生熟分开 交叉污染

生熟分开是指生菜、生鱼、生肉和熟食要分开，处理生熟食品所用的厨房用具要分开。畜禽肉、水产品直接污染熟食、凉菜，或者食品贮存时生熟不分、荤素不分，是餐馆、食堂及家庭发生食源性疾病的重要原因。

专家说

生食是指制作食品的原料，如鱼、肉、蛋、禽、蔬菜等。熟食是指经过加工后能直接供人食用的食品，如熟肉、烤鱼、火腿肠等。

生食中常带有细菌、寄生虫卵等致病性微生物，彻底加热煮熟可使食品中的这些微生物失活。如果在加工、储存过程中未将生、熟食分开，生食中的细菌、虫卵等可能会污染熟食，并在熟食上大量繁殖，被人体摄入后危害健康。如用加工生菜、生肉的案板加工熟食，可能会将生菜、生肉中的大肠埃希菌、寄生虫卵等带到熟食中，污染熟食。同理，用盛放生食的器皿盛放熟食，也可能造成生熟食交叉污染。

生的食物，特别是畜、禽、海产品及其汁水中，可能会带有致病性微生物。因此，在食物制备的整个过程，包括购买、储存和烹饪等环节，都应严格实施生熟分开。做到生熟分开，预防交叉污染，应做到以下几点。

第一，保持清洁。最重要的就是手部清洁，尤其是在处理了生肉、生鱼这类食品以后，要及时洗手，防止后续交叉污染的发生。

第二，烹饪所用食材，以及储存制作食物用到的各种器皿、刀具、案板及冰箱，都要清洁，生熟所用案板、器皿分开，不可混用，避免生熟食品接触。

第三，烧熟煮透。彻底加热、烧熟煮透是控制微生物性食源性疾病最重要的措施。在制备食物的时候，食物中心温度达到70℃以上，保持1分钟就能很大程度上令食物原料中的微生物失活。剩菜再次食用时，也要彻底加热后再食用。

（熊静帆）

18. 学生用餐时发现食物未熟透怎么办

关键词：未熟透食物 食物中毒

未经煮熟的食物被人体摄入后，易导致食物中毒。临床表现以急性胃肠炎为主，主要表现为恶心、呕吐、腹痛、腹泻、发热等，严重者可出现脱水、意识障碍甚至死亡。

发现食物未熟透时，学生应立即停止食用食物，并向食堂工作人员反映食物问题，以便及时处理；如果身体出现不适症状，应立即就医并告知医生食用了未煮熟的食物。同时，学生可将食物未熟透的情况报告给相关卫生部门或学校管理部门，以便采取更多的措施预防此类问题发生。

专家说

食物在种植（养殖）、运送、处理过程中易感染微生物，不同食物携带的微生物不同，如动物性食品，尤其是畜肉类及其制品，易携带沙门菌，海产品易携带副溶血弧菌，奶类及其制品、剩饭等易携带金黄色葡萄球菌。

食物未煮熟易引起食物中毒，导致呕吐、腹泻、发热等临床症状，严重者可能出现脱水、意识障碍、血压下降甚至死亡。加热杀灭病原菌是防止食物中毒的关键措施，但必须达到有效的温度，彻底煮熟食物，如加工肉类时，应将肉块切割，使其不超过1kg，肉块的深部温度应至少达到80℃，并持续12分钟，使肉中心部位变为灰色而无血水，便可彻底杀灭肉类中可能存在的沙门菌并灭活毒素。

学校应确认食品安全问题，第一时间通知所有学生停止用餐，将疑似中毒的学生紧急集中起来，协助医疗机构采取抢救措施

↓

学校确认食品安全问题后第一时间上报上级教育行政部门、卫生部门

↓

学校整顿食品卫生问题，履行校长负责制，对学生用餐过程开展日常抽查、检查，建立食品安全责任制

↓

学校在校园安全信息化建设中，应当优先在食堂食品库房、烹饪间、备餐间、专间、留样间、餐具饮具清洗消毒等重点场所实现视频监控全覆盖

学校食品安全问题处理流程图

（熊静帆）

19. 学校食堂工作人员如何**执行卫生操作**

关键词

卫生操作 食堂卫生规范

学校食堂作为提供食品的场所，需要严格遵守相关法规，确保食品符合卫生要求。卫生操作可以确保食品的安全和卫生。在食品制作和处理过程中，如果不执行卫生操作，细菌和其他有害微生物可能会滋生，导致食品变质或者引发食源性疾病。

食堂是学校后勤保障的重要组成部分，学校食堂一旦发生食品安全问题，不仅严重影响学生的身体健康，而且还会造成极大的社会舆论影响，学校要切实做好食堂食品安全管理工作，保证广大师生的身体健康，维护社会和校园稳定。

专家说

学校食堂作为学校的重要场所，承担着保证师生身体健康的重要责任。与社会中的餐厅不同，学校食堂管理具有管理人员多、服务对象多、就餐时间集中以及管理内容多样化等特征，因此，学校食堂工作人员应该严格执行卫生操作。

进入食品处理区的非从业人员，应符合从业人员卫生要求。食堂工作人员进行工作时，应保持良好的个人卫生，穿清洁工作服。食品处理区内从业人员不应留长指甲、涂指甲油，不应化妆；工作时佩戴的饰物不应外露；应戴清洁的工作帽，避免头发掉落污染食品。专间和专用操作区内的从业人员操作时，应佩戴清洁的口罩，口罩应遮住口鼻。

对食品进行储存和处理时，应将食品存放在干燥、清洁、通风良好的环境中，远离地面和污染源，不同类型的食品应分开存放，防止交叉污染；在进行食品准备和加工时，应对食品加工区域进行定期清洁和消毒；使用后的餐具应干净整洁，彻底烘干，避免细菌滋生。

健康加油站

学校可以从以下几个方面入手，从源头上预防食源性疾病。

（1）人员防控：学校食堂应当建立并执行从业人员健康管理制度和培训制度。患有国家卫生健康委规定的有碍食品安全疾病的人员，不得从事接触直接入口食品的工作。从事接触直接入口食品工作的从业人员应当每年进行健康检查，取得健康证明后方可上岗工作，必要时应当进行临时健康检查。

学校食堂从业人员的健康证明应当在学校食堂显著位置进行统一公示。

学校食堂从业人员应当养成良好的个人卫生习惯，加工操作直接入口食品前应当洗手消毒，进入工作岗位前应当穿戴清洁的工作衣帽。

学校食堂从业人员不得在食堂内吸烟。

（2）环境防控：学校食堂应当具有与所经营的食

品品种、数量、供餐人数相适应的场所并保持环境整洁，与有毒、有害场所以及其他污染源保持规定的距离。餐具、饮具和盛放直接入口食品的容器，使用前应当洗净、消毒，炊具、用具用后应当洗净，保持清洁。

学校食堂应当根据所经营的食品品种、数量、供餐人数，配备相应的设施设备，并配备消毒、更衣、盥洗、采光、照明、通风、防腐、防尘、防蝇、防鼠、防虫、洗涤以及处理废水、存放垃圾和废弃物的设备或者设施。就餐区或者就餐区附近应当设置供用餐者清洗手部以及餐具、饮具的用水设施。

以上措施有助于确保学生食堂的卫生状况达到标准，保障食品安全，降低食源性疾病的发生风险，促进学生的健康成长。

（熊静帆）

关键词

水源污染　介水传染病

20. 为什么学校的**水源**要**严格把控**

安全卫生的生活饮用水是人类健康的基本要求，也是构建和谐社会的重要因素。学校作为特殊人群集聚地，其生活饮用水安全问题不容忽视，一旦水质被污染，则会影响和危及学校师生及周围居民的身体健康与生命安全。

专家说

介水传染病是指通过饮用或接触受病原体污染的水而传播的疾病，又称水性传染病。介水传染病是人类粪便、污水和垃圾中的病原体污染水源，人们接触或饮用后所导致的传染病。部分学校的供水方式为自备饮用水或分散式供水，如果取水、供水设施不健全，日常消毒不规范，卫生监管不到位，那么这些学校易出现饮用水污染，加上部分学生有喝生水的不良习惯，进而导致肠道传染病暴发。

许多病原体可通过水源进行传播，如细菌（痢疾志贺氏菌、伤寒沙门菌、霍乱弧菌等）、病毒（甲型肝炎病毒、腺病毒、脊髓灰质炎病毒等）、原虫（血吸虫、溶组织阿米巴原虫等），这些病原体主要来自人体粪便、生活污水、医院、工业废水等。介水传染病一旦发生，危害较大。因为饮用同一水源的人较多，发病人数往往很多，可呈暴发流行，短期内突然出现大量患者。病例分布与供水范围一致，大多数患者都有饮用或接触同一水源的历史。

健康加油站

把控学校水源安全，需要多部门联合力量。

政府加强管理，加大资金投入，提高学校集中式供水沉淀过滤和消毒等水处理工艺水平，改善部分地区学校饮用水处理的落后面貌。

教育部门狠抓饮用水卫生安全，完善饮用水设施，加强水源卫生监管和日常消毒，为学生提供合格安全的饮用水；加强卫生知识的宣传教育工作，对学校管水人员等教职工进行卫生知识、法律知识培训，提高其卫生及法律意识；对学生开设健康教育课，提高学生的自我保护意识和能力。

卫生监督部门严格监督管理，加强执法检查，督促各单位完善水质处理工艺，严格水质处理和消毒操作规程，对不符合要求的单位加大处罚力度，限期整改，同时做好学校水质消毒处理的技术指导，切实提高水质合格率。

疾病预防控制部门做好传染病的监测，定期开展学校和乡镇水质的检测检验，及时进行检测结果的分析和预警。

（熊静帆）

关键词 食物中毒 规范处理

21. 学生出现**食物中毒**应如何有效处理

食物中毒是最常见的食源性疾病之一。为了保障学生的饮食安全，学校应该制定和完善食物中毒应急处置方案，以便能够迅速、有效地处理和防范食物中毒事件。

专家说

食物中毒是指摄入含有生物性、化学性有毒有害物质的食品或把有毒有害物质当作食品摄入后所出现的非传染性的急性、亚急性疾病，既不包括暴饮暴食引起的急性胃肠炎、食源性肠道传染病（如伤寒）和寄生虫病，也不包括一次大量或长期少量多次摄入某些有毒有害物质引起的慢性损害疾病。

食物中毒发病潜伏期短，来势凶猛，呈暴发性，患者有食用同一食物史，临床表现相似，以呕吐、腹泻、腹痛等胃肠道症状为主。按发病原因，食物中毒一般分为细菌性食物中毒、真菌及其毒素食物中毒、有毒动物中毒、有毒植物中毒和化学性食物中毒。学校食堂是提供学生日常饮食的重要场所，保障学生的食物安全是学校的重要任务。

学校应建立健全食物中毒监测和报告机制，确保在食物中毒事件发生时迅速处理。

食物中毒发生后，学校应及时逐级报告。报告内容主要包括发生中毒单位、地址、时间、中毒人数及死亡人数、患者主要临床表现，以便有关部门积极采取措施。对于已经出现食物中毒症状的学生或工作人员，立即提供紧急医疗救助，可以拨打当地急救电话或将患者送往最近的医院，进行催吐、洗胃以及对症治疗。学校应如实反映情况，将中毒学生所吃食物、进餐总人数、同时进食而未发病者所吃的食物、中毒的主要特点，以及可疑食物来源、质量、存放条件、加工烹调方法和温度、时间等情况如实向有关部门反映，在查明情况之前立即停止食用可疑食物。

相关部门接到报告后，应立即前往现场进行现场卫生学和流行病学调查，包括对中毒学生、同餐进食者的调查；应尽可能采样进行现场快速检验，初步提出发病原因、防控及救治措施，同时对可疑食物进行调查并进行现场采样。

健康术语

学校食物中毒监测报告机制： 指针对学校食物中毒事件的预防和控制而制定的计划和方案，包括系统收集有关学校食物中毒事件的信息并评估其发生规律和发展趋势的过程，及时准确向相关部门报告的具体工作程序和措施。

（熊静帆）

第三章

守护明眸——
近视预防有方法

了解近视

1. 什么是**近视**

正常情况下，外界光线通过眼睛的屈光系统发生折射，汇聚到视网膜上，屈光系统会根据远近光线进行自动调节，帮助我们看到清晰的世界。但如果眼睛屈光系统出现问题，比如眼轴过长、晶状体改变等，外界光线进入眼内的调节机制会受到影响。若远处的光线通过眼睛的屈光系统后在视网膜前成像，我们看远处的事物就会变得模糊，这就是近视。

专家说

在当今社会，戴眼镜已经成为了非常普遍的现象，我国有超过一半的儿童青少年发生了近视。根据度数不同，近视可以分为近视前期（近视度数不足 50 度，远视度数 75 度及以下）、低度近视（近视 50 度及以上，600 度以下）和高度近视（近视 600 度及以上）。配戴眼镜是应用光学矫正的原理，改变光线进入眼睛时的折射路径，从而将光线准确地汇聚到视网膜上，让近视患者再次看得清楚。

健康加油站

近视的病因比较复杂，一般包括遗传因素和环境因素，但确切的原因仍未完全明确。近年来学生群体近视率的大幅增长主要由环境因素导致，不良的用眼行为习惯和用眼环境会导致近视的发生。

一般情况下，儿童的眼睛和视力是逐步发育成熟的。刚出生的时候一般为远视，这是生理性远视，相

关键词

近视 眼镜 视力

关键词

近视危害 高度近视

对于近视来说，这种生理性远视常被称为"远视储备"，生理性远视值被称为"远视储备量"。随着眼睛和视力的发育，远视度数逐渐降低，慢慢往正视发展。理想情况下，儿童大约在 12 岁能从远视眼发育成正视眼，即生理性远视储备量消耗殆尽。在这期间如果不注意用眼卫生，过度用眼，导致远视度数下降过快，远视储备量提前消耗，可能会较早出现近视。

（何鲜桂）

2. 近视只是看不清东西吗

近视不只是戴一副眼镜这么简单，它会影响视力健康，影响日常生活和学习，也会影响儿童青少年的未来。

专家说

我们常说的近视一般是指单纯性近视，即在眼球发育期间发生的近视，如果发育停止，近视度数也将稳定，一般度数在 600 度之内，如果眼底没有病理变化，此时验配合适的眼镜就可以将视力矫正至正常。

如果近视度数过高，出现了眼底病变，就可能是病理性近视，此时即使眼球发育停止了，近视仍会发展，度数仍会加深。常见的眼底病变有近视弧形斑、漆裂纹、脉络膜新生血管、黄斑脉络膜萎缩、视网膜脱离、后巩膜葡萄肿等。近视度数较高的儿童，除了视力不好，还会出现夜间视力差、飞蚊症（眼前有颗粒飘浮，像是蚊子飞舞）和闪光感等症状，发生视网膜脱离、黄斑出血、青光眼等的危险性增高，严重者可能出现失明。

健康加油站

近视影响正常生活，导致生活、学习不便，比如游泳需要戴有度数的泳镜，看3D电影时需要再戴一副眼镜，冬夏季节室内外温差大的时候眼镜会起雾，不方便进行跑、跳等幅度较大的运动。对于怀揣着远大梦想的同学们来说，视力不良可能会影响未来专业及就业的选择，比如国防、航天和消防等职业选择会受到限制，像潜水员、特种部队条件兵、飞行员等职业，航海技术、消防工程、刑事科学技术、侦查等专业，都对视力有严格要求，如果视力不达标，可能无法报考。

更严重的是，如果近视在较小年龄发生，并且没有得到有效控制，度数随着生长发育不断增加，容易发展成高度近视。随着近视度数的增加，眼球就像一个逐渐吹大的气球，眼底随着"吹大"越来越薄，越来越容易发生病变。因此，高度近视会增加其他眼病的发病风险，导致不可逆的视力下降，此时即使戴了眼镜也可能看不清楚，最终甚至可能导致失明。

（何鲜桂）

3. 怎样预防近视

关键词： 户外活动 用眼行为 用眼环境

近视防控的关键在于培养良好的用眼习惯，营造健康的用眼环境和定期参加眼睛的"体检"。

专家说

日间户外活动是目前预防近视发生最有效、经济、科学的手段之一。首先，户外自然光照强度比室内光照强度高数十倍；其次，户外光照能够刺激眼球产生一种叫多巴胺的物质，可有效控制眼轴增长；并且，户外环境开阔，视物景深加深，这种情况下近视不易发生发展。

持续、近距离用眼容易引起近视。在学习、阅读时，如长时间用眼，须注意休息，连续用眼 30~40 分钟，建议休息远眺 10 分钟。在不方便活动的持续学习状态下，近距离用眼 20 分钟后，远眺（约 6m 外）20 秒以上。

不节制地使用电子产品会增加眼睛负担。需要控制视屏类电子产品使用时长，选择合适的视屏产品。非学习目的使用每次不宜超过 15 分钟，每天累计不宜超过 1 小时。通常眼睛和电视/投影屏的距离不小于屏幕对角线长度的 4 倍，和电脑屏幕的距离至少为 50cm，手机的观看距离不小于 40cm。

保证合适的阅读和书写的光环境。学习时要保证充足的光照度。平时也要注意不要在强光下和昏暗环境中读写。白天光线不足时可开房间顶灯，必要时打开台灯辅助照明。台灯宜放置在写字惯用手的对侧前方，避免光线被遮挡。夜晚读写应同时打开台灯和顶灯保证光照。

养成规律、健康的生活方式。注意营养均衡，强调食物多样性，多吃水果蔬菜，少吃甜食和油炸食品。良好的睡眠能够保证眼睛得到充分休息，因此应保持规律作息，不要熬夜。应统筹做好课内外作业和阅读安排，控制额外增加的学习任务。

健康加油站

在学校时，学会让眼睛放松休息。把握好课间休息时间，尽可能走出教室，到户外参加课间锻炼或活动，如果时间不充足，也可以通过远眺、稍用力睁闭双眼、做眼保健操等方式缓解眼睛疲劳、干涩。

在家时，创造一个对眼睛有益的环境。学习用的书桌椅最好根据学生身高配备：学生在端正坐下时大腿与小腿应垂直，上臂下垂时肘部在桌面以下3~4cm。书桌应该放置在室内采光最好的位置，可以充分利用自然光线照明，但要注意避免光线直射桌面。选择通过国家强制性产品认证（即CCC认证）的台灯，台灯要有灯罩，光源不能直接照射眼睛，避免眩光。学生需要线上学习时，优先选择清晰度高的大尺寸屏幕。夜间使用避光窗帘，不开夜灯睡觉。

（何鲜桂）

4. 哪些表现提示学生可能得了近视

关键词

近视 视疲劳

近视的发生是视力逐渐下降的过程，不是突然形成的，往往会有一些征兆和异常表现。

专家说

近视的典型症状是远视力下降，也就是看远处的物体不清楚。初发近视的时候，可能会感觉到远视力波动，时而清楚时而模糊。为了让自己能够看清远处的事物，学生往往会有一些异常的表现：比如眯眼、歪头，这些动作会遮挡部分瞳孔，减少光线的弥散，从而使视敏度暂时提高；有的学生也有皱眉、眨眼或揉眼这类举动，这时双眼都在发力，在一定程度上可缓解眼睛疲劳，能够帮助看得清楚。如果以上表现总是发生，需要尽早前往医院检查，明确是视疲劳导致的短暂视物不清还是近视引起的远视力下降。如果早期发现异常情况，及时干预，可能会延缓近视的发生和发展。

健康加油站

长时间高强度近距离用眼（如阅读、写字或使用电子产品）会使眼睛负荷过重，长时间处于调节紧张状态，眼部肌肉会发生痉挛现象，可能会导致短时间内视物不清。如果只是偶尔出现，并且没有其他不适感觉和变化，可先通过向远处（>6m）眺望或到户外散步休息，放松眼部调节等方式来缓解症状。但视物不清就说明已经开始出现视疲劳了，需要注意按时休息眼睛，避免进一步影响视力状况。

学生要积极关注自己的视力状况，如果出现异常，比如坐在同一个座位突然开始看不清黑板上的文字，眼睛常常感到疲劳、干涩，习惯性眯起眼睛去看外界物体，或者频繁眨眼、揉眼、皱眉或歪头视物等，应该及时到专业医疗机构进行眼科检查。

（何鲜桂）

关键词 视力档案 矫治 随访

5. 发生**近视**了该怎么办

儿童青少年仍然处在生长发育及用眼的高峰期，一旦发生近视，近视度数很有可能继续加深。需要及时采取医学干预手段，延缓近视进展。

专家说

如果怀疑近视，应及时前往专业医疗机构进行眼科检查。可以通过散瞳验光查清楚屈光的真实情况，同时检测眼轴长度和角膜曲率，做出精准诊断。

人们常说的散瞳验光，也叫睫状肌麻痹验光，通过使用药物让眼睛睫状肌放松下来，从而使验光结果更准确。散瞳期间有些儿童青少年可能会感到视物模糊、害怕强光，这些问题在药物作用消除后会自行消失。配戴框架眼镜是常见的近视矫正方法，能够使近视患者看得清楚。控制近视度数增加的主要方法包括配戴角膜塑形镜（俗称 OK 镜）、使用低浓度阿托品滴眼液、配戴功能（特殊光学设计）框架眼镜等。目前的研究表明这些方法在控制近视进展方面均有一定效果。

不管采取哪种措施，家长与孩子都要保持良好的复诊习惯，根据医生要求，每 3~6 个月到医院复查一次。因为儿童青少年正处于眼屈光系统发育的敏感期，这个时期的近视会不断发展。应做到定期监测，评价干预效果，从而尽可能延缓近视发展。

健康加油站

OK 镜是晚上戴、早上起来摘掉的硬性隐形眼镜。8 岁以下、近视度数较高（通常 500 度以上）、散光度数较高或角膜比较平的儿童并不适合验配 OK 镜。日常配戴时，需要严格洗手，按照取戴镜规范操作，同时也要保证足够的睡眠时间以达到良好的控制效果。

使用阿托品滴眼液也是常见的近视控制措施之一，一般在入睡前使用。低浓度阿托品的浓度为 0.01%，部分儿童青少年在使用后可能会出现畏光、看近物模糊等不良反应。如果不良反应严重，可能会影响学习和日间户外活动。所以并非所有人都适合使用阿托品，需要在医生的专业指导下进行使用。

　　还有新型功能框架眼镜，镜片采用类似 OK 镜原理的离焦技术。这类眼镜需要白天持续配戴，为了保证配戴效果，戴镜的位置要准确，保证镜片中央区和瞳孔在一个位置。不适合配戴 OK 镜又不想点滴阿托品药物的儿童青少年可以在医生的指导下选择配戴。

（何鲜桂）

二

"目"浴阳光

6. 为什么"目"浴阳光有助于预防近视

"目"浴阳光指的是让眼睛充分接受阳光照射。虽然"目"浴阳光防控近视的原理还不完全明确，但研究发现，保证日间户外活动时间是一项非常关键的预防近视措施。

专家说

在许多不同类型的近视防控手段中，充足的日间户外活动效果突出且性价比高。研究证据表明，每天 2 小时以上的户外活动可以减少 50% 的近视发生概率，每天 3 小时以上可减少 75% 的近视发生概率。增加户外活动时间可降低近视发病和进展风险，尤其是在非近视儿童中。

充足的光照可能是户外活动防控近视的关键因素。阳光包含紫外光（波长 380nm 以下）、可见光（红光、橙光、黄光、绿光、蓝光、靛光、紫光，波长在 380~760nm）和红外光（波长在 760nm 以上）。近几年的科学研究发现，不同波长的光线可能都与近视发生发展有关。户外时间的保护作用与在光线下暴露时间和光照强度有关，即使是阴天或多云，室外的光照强度都比室内高得多。

关键词：日间户外活动　光照

健康云课堂

为何说"目"浴阳光
可以预防近视

（何鲜桂　陶芳标）

关键词　课间　体育家庭作业

7. 如何保证充足的"目"浴阳光时间

为了确保有足够的时间在白天活动"目"浴阳光，需要保证规律的生活作息，合理规划日常生活。

专家说

充足的"目"浴阳光时间是指每天至少 2 小时和每周至少 14 小时的日间户外活动，包含了校内和校外时间。"目"浴阳光不限制活动的形式和内容，可以开展形式多样、内容丰富的户外活动。

在校期间，尽量保证 1 小时日间户外活动时间，积极参加上午和下午的大课间活动，尽量在户外上体育课，参加户外活动兴趣小组。校外时间，多多走到户外，走向大自然，积极完成老师布置的课外体育家庭作业，可以全程或阶段性走路上下学。如果上学期间户外活动不足，应该在周末补上。

从身心健康的角度出发，学生应该平均每天进行至少 60 分钟的中高强度体力活动（跑步、跳绳、羽毛球等），同时每周宜进行至少 3 天进行高强度有氧及增强肌肉力量和促进骨骼健康的抗阻运动（体操或使用健身器械锻炼）。在学校和家庭中合理安排时间进行锻炼，比如利用小课间、早晚时间碎片化进行锻炼，确保体力活动能够融入日常生活。

健康加油站

户外活动的形式不限，可以是踢足球、打篮球等体育活动，也可以是舞蹈、朗诵等文艺活动，还可以是悠闲散步甚至静坐发呆。在学校可以参加一些集体游戏，比如在操场上跳绳、踢毽子、跑步、打篮球等。"目"浴阳光强调的是日间户外活动，即使是阴天，光照强度也比室内强数十倍，所以在阴雨或者不适合户外活动的天气，可在阳台、窗边或庭院接触自然光线。

（何鲜桂）

8. 哪些活动适合在"目"浴阳光时进行

关键词：体育锻炼 体力活动

"目"浴阳光说的户外活动，并不是强调活动的内容与方式，而是强调在日间环境下进行的活动。

专家说

虽然户外活动不是特指体育锻炼，但是适当增加体育锻炼的比例，让儿童青少年在阳光下挥洒汗水，既符合他们爱玩的天性，又能增强体质，预防近视的发生。

户外活动的选择有很多，多多选择符合儿童青少年个人兴趣、身体状态的活动内容，在保护视力的同时，也会让孩子收获好心情，不会觉得枯燥，更加爱上户外活动。

儿童青少年进行乒乓球、羽毛球、网球等移动速度较快的小球运动时，双眼主要以球为目标，会不停进行上下调节运动，这可以改善睫状肌的紧张状态，使其充分放松和收缩，同时眼外肌也会不断活动，可以促进眼球组织的血液循环，提高眼睛视敏度，消除眼睛疲劳，从而起到预防近视的作用。

进行足球、篮球等视野开阔的球类运动时需要远眺，睫状肌处于完全放松的状态，这能充分缓解眼部肌肉的疲劳。这类运动除了可以有效放松眼睛，延缓近视进展，还可以锻炼儿童青少年的身体素质。

放风筝、登高望远等活动，可使儿童青少年从近距离视物转化为远眺，拓宽视野，使视线得到更广泛的延伸，从而缓解视疲劳。

踢足球　　　跑步　　　远眺　　　打篮球　　　健步走

骑自行车　　打乒乓球　　放风筝　　打羽毛球　　做眼保健操

（何鲜桂）

9. "目"浴阳光有哪些注意事项

关键词：防晒 补水

"目"浴阳光前要研判户外环境，注意保护好自己。在不同类型的天气条件下进行户外活动，需要提前做好规划。

专家说

日光强烈的晴天，紫外线含量较高，紫外线容易对眼睛细胞造成慢性光损伤，尤其是儿童青少年，更易受损伤，不应长时间暴露在过强的紫外线环境中，因此，在晴朗的夏季，11：00—15：00 高温时段外出，要特别注意防护。外出时要做好防晒措施，阳光强烈时，建议使用太阳镜、帽子、遮阳伞等防晒工具，同时注意及时补水。

健康加油站

为了避免强烈日晒，可以选择具有紫外线防护功能的太阳镜，有效阻挡紫外线，减轻强烈阳光对眼睛的刺激，提供舒适的户外体验。另外，可以将防晒霜涂抹在暴露的皮肤上，如面部、颈部、手臂等部位，避免晒伤。根据天气条件选择合适的服装，比如防风、防水和透气的衣物，根据活动内容选择合适的鞋。活动期间携带足够的水，及时补充水分，特别是在炎热的天气进行运动，尤其是进行剧烈运动时。在长时间的户外活动中，要记得根据体力情况进行休息，从而恢复体力和调整状态。

户外活动计划应该合理，充分考虑学生的体力水平和户外环境。避免暴露在极端天气下，如暴雨、寒冷或炎热天气。避免过度劳累，不进行危险的户外活动。较小的学生最好在成年人的监督下进行户外活动。确保有人了解活动计划，应对紧急情况。

（何鲜桂）

三

保持科学用眼

10. 为什么要保持 科学用眼

用眼不当会增加学龄儿童眼部负担，进而导致近视的发生与发展，而近视一旦发生则不可逆转，因此，学龄儿童须保持科学用眼，以预防近视。

关键词：科学用眼 视力保护 预防近视

专家说

科学用眼是指保持科学的用眼姿势、用眼习惯和用眼行为。科学用眼对于维护中小学生的眼部健康，预防眼部疾病的发生具有重要意义。刚步入学习阶段的小学生正处于视觉发育和行为习惯培养的关键期，保持科学用眼可以有效降低近视发生的风险。中学生处于学习任务重、课业相对繁忙的阶段，保持科学用眼，可以减轻眼部压力，有效缓解长时间用眼后的视疲劳，促进眼部的血液循环。

健康加油站

保持科学用眼可以预防眼部疾病的发生，提高学习效率，减轻颈部压力，并促进学生养成良好的生活习惯。

在儿童青少年视觉发育期，保持科学用眼可以减轻用眼时的视疲劳，延缓眼轴增长，预防近视、斜视等眼部疾病的发生。在学习过程中，保持科学用眼可以避免长时间用眼后的眼干眼涩，提高学习效率。此外，学习时保持科学用眼，还可以减轻肩颈部的压力，维护颈椎健康，促进学生身体健康发育。中小学时期是塑造良好习惯的关键阶段，学生在日常生活中保持科学用眼，有助于养成良好的用眼习惯，维护眼部健康，提高整体生活质量。

（潘臣炜）

11. 如何保持写作业时的科学用眼姿势

作业学习是中小学生的重要日常生活，是近距离用眼的主要原因。长时间近距离用眼是中小学生近视高发的主要影响因素。写作业时保持科学用眼姿势可以有效缓解视疲劳，预防近视等眼部问题的发生。

正确的坐姿包括头正、腰挺、背直。正确的书写姿势可以概括为"一尺一寸一拳"，即眼睛距离书本一尺，握笔时手指距离笔尖一寸，身体距离课桌一拳。

专家说

中小学生在学习过程中应做到维持适当的用眼距离，定期进行眼部放松，眺望远方，增加户外活动，并选择合适的学习环境。

第一，维持适当的用眼距离，眼睛与书本之间保持约 33cm 的距离，不要长时间过度靠近或远离书本，不要躺着、侧躺或趴着阅读。

第二，定时休息，避免长时间用眼。小学生处于发育较快的年龄阶段，一般持续用眼 20~30 分钟后需要进行休息；中学生持续近距离读写时间达到 40 分钟则须进行休息，休息时可以向窗外远眺或闭目休息，放松眼睛。

第三，增加户外活动时间，中小学生每日户外活动时间应达到 2 小时，上学日户外活动时间不足时应在周末进行补充。室外光照能够促进多巴胺释放，延缓眼轴增长，从而预防近视的发生。

第四，选择合适的学习环境，建议在适当的光线下进行读书和写字，避免过度用眼，同时保持室内通风，维持良好的空气质量，提高学习的舒适度。

关键词

视屏 科学用眼 视力保护

正确读写姿势

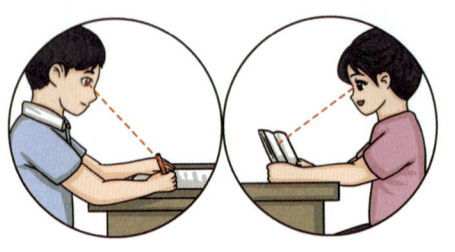

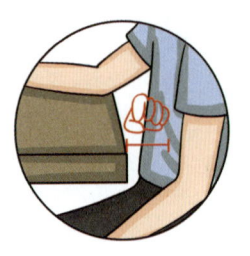

- 一尺（约33厘米）
- 一拳
- 肘部靠在桌子上
- 腰挺直
- 手臂微微张开（约30度）

（潘臣炜）

12. 为什么说保持**视屏**时的**科学用眼**很重要

随着电子产品种类的增多及其功能的多样化，儿童青少年视屏行为越来越普遍，且低龄化趋势明显。视屏时保持科学的用眼，可有效减少长时间视屏对眼健康的损害。

专家说

长时间近距离使用电子产品会使睫状肌持续收缩，导致眼睛的调节能力降低，出现调节滞后，刺激眼轴长度增加，增加近视的发生风险。儿童青少年眼睛对光刺激敏感，因此，电子产品的屏幕亮度、观看距离和使用时间等更容易对儿童青少年视力产生影响。

中小学生视屏时应控制眼睛和屏幕之间的距离，定时休息，控制视屏时间。

第一，条件允许时，应尽量选择屏幕较大且分辨率高的电子产品，并且尽量远距离观看。屏幕应位于视线稍下的位置，看电脑屏幕时至少和屏幕保持50cm距离，手机的观看距离不小于40cm，这有助于提供更舒适的视觉体验，减轻眼部的张力，以及减少颈部和肩部的疲劳。

第二，注意调整屏幕亮度和对比度，避免在光线不足或过亮的环境中观看，以减轻眼睛的负担。

第三，自觉控制视屏类电子产品的使用时长，坚持"20-20-20"法则：每看屏幕20分钟，就看20英尺（约6m）外20秒，缓解视疲劳。

此外，中小学生在使用电子产品时，应注意多眨眼，避免因过度专注而使眨眼次数减少，导致泪液分泌量减少，出现眼睛干涩等症状。

（潘臣炜）

13. 什么是**不良用眼**

关键词：不良用眼

不良用眼是指在看书、写字、看电视、玩电子产品等各种阅读、学习和娱乐活动中，用眼时间过长、用眼距离过近、用眼光线不足等不适当的姿势、行为和习惯。中小学生在阅读、写字、看电视、玩电子产品等活动中，采取不恰当的用眼行为和习惯，如眼睛距离电视或书籍过近等，会引起视疲劳，增加近视的风险。只有采用良好的用眼行为和习惯，及时使眼睛得到放松休息，才能保持良好的视力状态。

专家说

不良用眼姿势、行为和习惯易引起睫状肌痉挛，过度调节导致视力下降，若不及时纠正，会导致近视。中小学时期是学生眼睛发育的关键时期，在此阶段需要重点关注近视的发生并进行预防。对不良用眼进行纠正，是保护学生视力、降低近视发生率的重要手段。

健康加油站

家长和老师应关注学生的用眼行为，当学生出现读写姿势不正、长时间连续用眼、学习环境不佳等问题时，应及时进行纠正，以免影响学生的眼睛健康。

读写姿势不正，如眼睛与书本距离过近、趴着或躺着阅读写字、在走路或行进的车厢中看书等，可使睫状肌过度收缩，屈光度增加，眼轴变长，导致视力恶化。长时间连续用眼，缺乏休息，眨眼次数减少，易出现视疲劳、眼睛干涩、视物模糊等症状。学习环境不佳，光线暗、灯光不足或光线刺眼等，都会使眼睛负担加重。不重视学校课间的眼保健操，缺乏眼球运动和眼部按摩，可使眼部肌肉得不到充分的放松。眼睛不适时，习惯用手揉眼，易将手上的病菌带入眼内，引发眼部炎症。

（潘臣炜）

14. 不良用眼的危害有哪些

长时间保持不良用眼会对眼睛造成长期的压力，可能导致视力下降、近视风险增加、视疲劳、眼部疼痛、视物模糊等问题。

专家说

近年来，近视低龄化趋势明显。近视的发生受多种因素影响，除遗传因素外，长时间近距离用眼，眯眼视物等不良用眼行为均会增加近视发生风险。此外，不良用眼行为还会引起睡眠质量降低、脊柱发育异常等问题。

关键词：视力下降　视疲劳　近视风险

不良用眼姿势，如过度弯腰低头，会增加颈椎负担，造成颈部肌肉僵硬酸痛，影响学生的注意力和学习效果，降低学习效率；不良用眼行为，如长时间近距离用眼，使睫状肌长时间处于收缩状态，引发视疲劳、眼睛干涩、视物模糊、眼及眼眶周围疼痛等症状，长时间注视电子屏幕或者书本，可能导致眼球表面湿润不足，增加了干眼症的风险；此外，眯眼视物也是一种不良用眼行为，眯眼视物是一种短期的自我调节行为，不能真正解决视力问题，且长期眯眼可能导致视疲劳和近视程度的加深；不良用眼习惯，如频繁揉搓眼睛，可能会引发眼部炎症、角膜损伤等眼部健康问题，甚至可能造成轻度的暂时性散光等。

（潘臣炜）

四

遵循用眼规律

15. 长时间近距离用眼的危害有哪些

关键词

近视　干眼症　视疲劳　视力下降

长时间近距离用眼会导致视疲劳，引发眼轴长度变化，导致近视的发生。眼睛长时间处于高负荷的工作状态也会引起干眼、视力下降、头痛等症状。控制好近距离用眼时长，及时使眼睛得到放松休息，有助于保持良好的视力状态。

专家说

眼睛通过调整睫状肌和晶状体来改变屈光状态，使眼睛既能够看清远处的事物，也能看清近处事物。眼睛具有一定的调节储备，一般情况下，眼睛的调节能力越好，越不容易发生视疲劳。长时间近距离用眼会使睫状肌长时间处于收缩状态，导致眼肌疲劳，使眼睛的自我调节能力下降，从而引发屈光不正。此外，长时间近距离用眼时眨眼次数的减少，也会导致泪液蒸发较快，引起眼睛干涩等症状。

在近距离用眼时，要注意持续用眼时长，及时通过远眺等方式放松休息眼睛，使眼睛保持良好的调节能力，尽量避免视疲劳。

健康加油站

视疲劳的表现主要有眼睛干涩、疼痛感或不适感、视物模糊、头晕等,需要引起重视。

正常情况下,人类每分钟眨眼 15~20 次。眨眼可以把泪液均匀涂布在角膜上,使光线更好地聚焦在视网膜上,并冲刷细菌等微生物,起到对眼表的保护作用。而在看书、写字或使用电子设备时,眨眼次数可能减少,长时间不休息容易导致眼睛干涩,引起干眼症状。此外,用眼过度也会引起眼睛灼热、发痒,眼球和眼眶周围可能出现不适和疼痛感或异物感,并导致视觉质量下降,出现视物模糊等症状。这些视疲劳的症状需要引起重视,如果出现此类症状,需要及时到医院就诊,以免病情加重。学生在日常生活、学习中,要注意劳逸结合,尽量避免长时间近距离用眼,保持规律的作息,预防视疲劳的发生。

(潘臣炜)

关键词

"3010"法则 用眼姿势 预防视疲劳

16. 怎样在学习时让**眼睛休息**

在学校里,上课学习是最主要的活动。但长时间持续的学习容易让眼睛产生疲劳,选择合适的方式放松休息眼睛是缓解视疲劳、保护视力、预防近视的重要措施之一。

> **专家说**
>
> "3010"法则是一个简单易行的护眼法则，是指近距离用眼 30 分钟，休息 10 分钟眺望远方，让眼睛得到充分放松，避免长时间高强度的近距离用眼。这一方法的关键在于，把眼睛从近距离用眼中解放出来，注视远处的景物，让眼睛的肌肉得到放松，并调节眼睛的焦距。因此，在连续看书、做作业或使用电子屏幕时，每 30~40 分钟，至少让眼睛休息 10 分钟，从而使眼睛保持良好的调节能力。

健康加油站

预防视疲劳可通过增加户外活动、保持良好的用眼习惯和生活作息、保证营养摄入的均衡等方式实现。

参与户外活动不仅能锻炼身体，增强免疫力，也能让眼睛得到放松。在学习时，要保持科学的用眼姿势，注意控制持续近距离用眼时长不超过 30 分钟，及时远眺放松、调节眼睛。此外，室内光线也应保持明亮柔和，避免在灰暗的光线下用眼，可选择合适的护眼灯具。在饮食方面，应注意营养的均衡摄入，多吃深色蔬菜水果补充维生素。蛋黄中含有丰富的维生素A、卵磷脂、B 族维生素、叶黄素等营养物质，有利于保护角膜和晶状体，预防眼部疾病。注意饮食的搭配也能让预防视疲劳事半功倍。

（潘臣炜）

17. 课间**放松眼睛**的**方法**有哪些

在学校，课间是放松休息的重要时间。在进行了 40 分钟的课堂学习后，起身到教室外活动放松身体，眺望远处的景物，不仅能让身心得到放松和休息，也能提高学习效率。

专家说

在课间，进行户外活动和做眼保健操等方式都能让眼睛得到有效放松。户外活动时，自然光线处于不断变化的状态，会刺激多种感光细胞，使眼球肌肉随之进行调节，从而减少眼睛长时间近距离工作时的"凝固"状态，有效缓解视疲劳，预防近视发生。眼保健操结合了中医推拿理论、经络理论以及体育医疗方面的理论，正确完成眼保健操，按摩眼部穴位，可改善眼及头部的血液循环，调节眼部肌肉，从而有效缓解视疲劳，预防眼部疾病。

课间的 10 分钟休息时间十分宝贵，利用好这 10 分钟时间放松休息眼睛，可以有效缓解视疲劳，预防干眼症、近视等眼部疾病的发生。

关键词

课间　户外活动　眼保健操

健康加油站

关键词: "3、6、9、12"规则 电子设备 合理使用

日常生活中还有哪些简单易行的方式能够放松眼睛呢？多眨眼，适时闭目养神，用热毛巾热敷眼部等方法都能让眼睛得到放松。

当学生沉浸在学习中时，眨眼和呼吸的次数会不自觉地减少。此时，如果能有意识地增加眨眼次数，就能有效缓解眼睛的干涩。在休息时间进行深呼吸，能帮助调节呼吸频率，改善大脑供氧，促进血液循环，缓解疲劳感。持续学习一段时间后进行闭目养神，不仅能让眼睛得到休息，也能让精神得到放松。可以借用一些定时的工具来提醒自己，注意劳逸结合。此外，用热毛巾热敷眼部也可促进眼部的血液循环，使血流通畅，并增加湿润度，缓解眼睛干涩。但要注意热敷的温度和时间，温度应控制在 40℃ 左右，每次热敷 5~10 分钟。

（潘臣炜）

18. 如何合理使用电子设备进行学习

随着科技的发展，越来越多便捷的电子设备被引入课堂教学，方便了线上教育的开展。但长时间或过早地使用电子设备，不利于儿童

青少年眼睛的正常发育。

专家说

在法国，12岁前儿童的电子产品使用有着"3、6、9、12"规则：3岁前不能使用电子产品；6岁前不能使用电子游戏机；9岁前电子产品的使用时间须严格控制；12岁前尽量不单独浏览网页。儿童青少年正处于眼睛发育的关键时期，如果过早地使用电子设备，给眼睛施加长时间的近距离刺激，会加快眼轴增长速度，逐渐引发近视。因此，学校不应对低龄儿童使用电子设备开展教学。另外，学生在使用电子设备进行线上学习时，也应注意控制电子设备的使用时间。保持科学的用眼姿势，并调整合适的屏幕亮度。

电子设备的使用固然方便了教育教学的开展，但在使用电子设备的同时也应注意对眼睛的保护，实现可持续的发展。

健康加油站

长时间注视电子屏幕容易引起视疲劳，引发近视、干眼症等眼科问题。使用电子设备时屏幕亮度过高或过低都会对眼睛产生不利的影响。屏幕过亮，会对眼睛造成较大的刺激，引起瞳孔收缩，甚至导致眼睛出现刺痛、畏光、流泪等不适症状。屏幕过暗也同样会对眼睛造成伤害。在暗光下瞳孔会扩大，眼睛为了视物清晰，会过多地进行眼部调节，从而容易引起视疲劳，甚至导致近视加重。此外，电子屏幕发出的蓝光辐射也会对眼睛产生不良影响。过亮的蓝光持续照射眼睛会对视网膜上的感光细胞造成伤害，长时间暴露于蓝光容易增加视网膜损伤的风险，诱发黄斑变性、白内障等眼部疾病。因此，在使用电子设备时，必须注意控制使用时长，调节合适的屏幕亮度，从而保护好双眸。

（潘臣炜）

关键词

电子设备选用　控制使用时间

19. 使用**电子设备**学习时应该如何让**眼睛休息**

长时间使用电子设备进行学习容易引发视疲劳，使近视加重。学会选择合适的电子设备，控制电子设备使用时间，并采取一些简单易行的方式让眼睛放松休息，对于呵护眼睛的健康尤为重要。

专家说

随着电子产品的普及，学生在学习中使用电子产品的次数也逐渐增多。为了保护眼睛健康，在使用电子设备学习时，要注意保持良好的用眼环境和科学的用眼姿势，如保证充足的光线、适当的用眼距离和角度等，从而减缓视疲劳。例如，使用电脑时，电脑屏幕应背向窗户，眼睛离屏幕距离应不少于50cm，屏

幕中心应在眼睛视线下方 10cm 左右；观看电视时，眼睛应距离电视屏幕 3m 以上；使用手机时，应尽量保持 40cm 以上的距离，使眼睛保持相对放松的状态。此外，可以选择屏幕较大、分辨率较高的电子设备，注意调整合适的屏幕亮度，必要时也可配戴防蓝光眼镜。

在控制使用时长方面，可遵循"20-20-20"护眼法则，每看屏幕 20 分钟，就看 20 英尺（约 6m）外 20 秒，避免长时间近距离用眼，帮助眼睛调节聚焦能力，使眼睛得到放松休息。

健康加油站

国家卫生健康委员会对儿童青少年线上学习时间做出了明确限制：小学生每天不超过 2.5 小时，每次不超过 20 分钟；中学生每天不超过 4 小时，每次不超过 30 分钟；在选择电子设备时，应尽量选择有较大屏幕的电子设备，优先次序为投影仪、电视、台式电脑、笔记本电脑、平板电脑、手机。此外，应选择屏幕分辨率高、清晰度适合的电子产品。在使用电子设备学习时，学生应注意用眼卫生，增加活动性休息时间。这样不仅可以保持眼睛的健康，放松睫状肌，减缓视疲劳，同时还可以帮助缓解精神上的紧张感，减少大脑的疲劳，提高学习效率。

（潘臣炜）

五

维护良好视觉环境

20. 什么是良好校园视觉环境

良好校园视觉环境应该为学生提供良好的采光与照明环境，确保教室黑板、课桌面的照度和均匀度。改善学校视觉环境可以减轻环境问题给眼睛带来的负担，减少对眼睛的伤害，有利于保护学生的视力健康。

专家说

改善学校视觉环境，是学生近视防控的一级预防措施之一。为了营造舒适宜人的校园视觉环境，需要综合考虑多个因素，包括教室采光、照明、绿化环境等。这些因素的合理配置能够提升校园视觉环境的品质，促进学生的学习效果和视觉健康。

校园视觉环境建设须遵循的国家标准主要包含：《中小学校教室采光和照明卫生标准》（GB 7793—2010）、《建筑采光设计标准》（GB 50033—2013）、《建筑照明设计标准》（GB 50034—2013）、《中小学校设计规范》（GB 50099—2011）、《中小学校普通教室照明设计安装卫生要求》（GB/T 36876—2018）和《儿童青少年学习用品近视防控卫生要求》（GB 40070—2021）等。

关键词：校园视觉环境 教室采光 教室照明

校园视觉环境的质量主要从教室光照质量、教室灯具安装情况、教室课桌椅安装情况等方面来评估。教室光照质量评估重点采集教室课桌面平均照度、黑板面的平均照度、统一眩光值、照明功率密度以及闪烁等指标数据。教室灯具安装情况评估指标包括安装方向、灯具距离课桌垂直距离、黑板灯与黑板的水平间距、黑板灯距离黑板上缘的垂直距离等。教室课桌椅安装情况评估重点查看教室课桌椅是否为升降式以及课桌椅安装高度是否与学生身高相匹配。

健康术语

照度： 指被照明物体表面单位面积上所接受的光通量，通常以勒克斯（lx）为单位。户外较高的光照强度对近视有保护作用，教室的平均照度值不应低于300lx。

显色指数： 在具有合理允差的色适应状态下，被测光源照明物体的心理物理色与参比光源照明同一色样的心理物理色符合程度的度量。显色指数越高，物体的颜色越接近自然颜色，人眼越容易适应，反之人眼越容易疲劳。因此，选择具有较高显色指数的光源能够提升校园视觉环境的舒适度和视觉效果。

色温： 指当某一种光源的色品与某一温度下完全辐射体（黑体）的色品相同时，完全辐射体（黑体）的温度，通常以开尔文（K）为单位。在校园视觉环境中，光源色温的选择范围一般为3 300~5 500K。

（潘臣炜）

21. 视觉环境是如何影响视力的

儿童青少年视力的发展受到视觉环境的多方面影响，主要涉及形觉剥夺、视网膜光感受器的敏感性和光致氧化应激等理论机制。这些理论机制共同揭示了视觉环境对儿童青少年视力健康的重要性，强调了创造多样化、适宜的光照条件以及限制过度蓝光暴露的必要性。

关键词：形觉剥夺　调节机制失调　光环境

专家说

形觉剥夺是指光刺激不能正常进入眼内，从而剥夺了眼睛接受正常光刺激的机会。如长时间处于特定光线暗淡或单调环境中，这种限制可能导致视觉系统的发展偏离正常轨迹。形觉剥夺可能引起视觉皮质区域的神经适应，导致这些区域对于特定类型的视觉刺激变得不敏感。这可能影响视觉信息的处理和解释，对视力发展产生负面影响。

视网膜中存在两种主要的光感受器：视杆细胞和视锥细胞。视杆细胞主要负责低光条件下的视觉，视锥细胞负责颜色和精细视觉，它们的分布和敏感性影响着儿童青少年在不同光线条件下的适应能力。不同的环境光谱对视网膜光感受器的刺激也有所不同，室内的人工光源的光谱较为单一，而户外自然光的光谱则更为丰富，这种不同可能使感光细胞的敏感性发生变化。

蓝光是可见光谱中波长较短的一部分，具有较高的能量。过度的蓝光暴露可能导致视网膜内感光细胞中的色素分子发生光氧化反应，产生自由基等有害物质，引发氧化损伤。在视网膜中，这种损伤可能影响感光细胞的结构和功能。

关键词：教室照明卫生　频闪　眩光

健康术语

形觉剥夺性近视：指由于视网膜接收不到充分的刺激，不能形成清晰物像，从而导致眼轴异常增长，进而促进近视的发生与发展。

（潘臣炜）

22. 不良视觉环境对视力的危害有哪些

造成儿童青少年视力不良检出率居高不下的主要影响因素有三个：视觉环境因素、不良用眼行为因素和遗传因素，其中不良视觉环境对儿童青少年视力的危害不容小觑。不良视觉环境对儿童青少年视力的危害主要有以下几方面：降低视觉清晰度和视觉质量；引发视觉紊乱，导致注意力涣散；降低视觉功能，增加近视度数；引起失能眩光等问题，危害视觉健康。

专家说

导致学生近视的视觉环境因素中，教室照度不足、光源频闪、次声波和汞污染、光辐射等是潜在的因素。低质量的荧光灯，其存在光辐射、频闪、眩光、次声波、汞污染、照度严重不足等问题，其镇流器工作时发出的有害次声波，会影响神经系统的正常功能，严重时会使人头晕、恶心、呕吐、丧失平衡感，甚至精神沮丧；荧光灯工作时温度升高，导致汞污染，容易使人产生头痛、头晕等症状。另外，频闪的光源亦可成为学生近视发生的危险因素。部分教室采用双排或多排荧光裸灯照明，形成多光源同频闪烁的荧光裸灯群，这些闪烁的直接眩光、反射眩光以及多光源在作业面上形成的光幕反射，可能是造成学生近视率逐年增高的原因之一。

健康术语

频闪效应： 指对于非静态环境中的静态观察者，受亮度或者光谱分布随时间波动的光刺激引起的对运动感知的变化。其值过高，会导致偏头痛、视力衰弱如视物模糊、眼过劳等症状。

眩光： 指人眼对一个或多个可见光源在空间或时间上存在极端的亮度对比所产生的不舒服感觉或者观察细部或目标的能力降低的一种视觉现象。例如，在白光 LED 中，有一定方向性的 LED 发射光与荧光粉引起的散射光或漫射光的混合对人眼造成的某种不适等。

五　维护良好视觉环境

光辐射： 指波段处于可见光的电磁辐射。暴露在不适当的可见光下可能会引起视网膜即时的光化学损伤，称为蓝光危害。生活中很多光源都包含蓝光成分，如灯光、电脑显示器、平板电脑、大屏幕手机等。

（潘臣炜）

关键词 教室照明 书籍读物

23. 良好视觉环境对视力有什么好处

良好的视觉环境可以促进儿童青少年眼睛的发育，提高视觉感知能力。学校应改善教学设施和条件，严格落实普通中小学校、中等职业学校建设标准，落实教室、图书馆等采光和照明要求。

专家说

导致近视发生的因素复杂多样，近视是遗传、社会文化、眼进化规律、环境与行为等多种因素共同作用的结果。其中，视觉环境因素被称为"可控因素"，良好的视觉环境能够预防、延缓儿童青少年近视发生、发展。良好的视觉环境可提供多样化的视觉刺激，有助于视网膜结构的优化发展。充足的光线和不同距离的观察对象能够促进视网膜神经元的适应性发展，支持正常的视觉信号传递。适宜的光照条件有助于提高眼睛的屈光能力。合适的远近观察和光线变化刺激能够使眼睛的调节功能保持灵活,从而预防近视的发生。多样化的视觉刺激可以促进大脑视觉皮质区域的发展。这种多样性能让大脑更好地适应不同的视觉信息,从而提高对视觉世界的感知和理解能力。

健康加油站

多巴胺是一种在视网膜中发挥重要作用的神经递质,视网膜多巴胺代谢紊乱与近视的形成有着密切的关系。

视网膜是一层由神经元和神经胶质细胞构成的神经组织,位于眼球后部内壁,负责接收和处理光信号,并将其转换为神经冲动传送到大脑。多巴胺是一种由酪氨酸合成的单胺类神经递质,在大脑中主要参与运动控制、情绪调节、奖赏学习等过程。在眼睛中,多巴胺主要存在于视网膜中,并发挥着重要的功能。多巴胺可能通过调节眼球生长来影响屈光系统发育,多巴胺缺乏会导致眼球过度生长,形成近视。多巴胺的分泌受到光照强度的影响,增加光照强度可以促进视网膜多巴胺分泌以维持正常屈光发育,学校可操作的具体措施包括改善人工光照、鼓励学生进行户外活动等。

(潘臣炜)

24. 学校如何维护良好的视觉环境

关键词：采光设计　照明设计

学校应为学生提供符合用眼卫生要求的视觉环境，落实教室、图书馆（阅览室）等采光和照明要求，采用有利于视力健康的照明设备。

专家说

学校应将"改善视觉环境"作为近视防控的关键点之一，为学生提供符合卫生要求的教学环境，积极防控近视，共筑光明未来。可以从教室采光、教室照明、灯具维护等方面入手，优化教室窗地面积比、室深系数、黑板面平均照度、统一眩光值等多个指标。

学校教室的朝向宜根据各地区的地理和气候条件决定，不宜采用东西朝向，宜采用南北向的双侧采光。教室采用单侧采光时，光线应自学生座位的左侧射入。南外廊北教室时，应以北向窗为主要采光面。教室窗地面积比不应低于1∶5。为防止窗的直接眩光，教室应设遮光窗帘以避免阳光直接射入教室内。为防止黑板的反射眩光，其表面应以耐磨无光泽的材料制成。凡教室均应装设人工照明。教室课桌面上的维持平均照度值不应低于300lx，其照度均匀度不应低于0.7。教室黑板应设局部照明灯，其维持平均照度不应低于

500lx，照度均匀度不应低于 0.8。为了减少照明光源引起的直接眩光，教室不宜采用裸灯照明。灯具距课桌面的最低悬挂高度不应低于 1.7m。灯管排列宜采用其长轴垂直于黑板面布置。学校应定期做好灯具日常维护，灯具每月擦洗一次，窗户也应定期擦拭，教室墙面应保持干净。

健康术语

窗地面积比： 指房间窗洞口面积与室内地面面积之比，简称窗地比，是估算室内天然光水平的常用指标。一般来说，窗地面积比越大，教室内的自然光线就越充足。

室深系数： 指采光侧的窗上缘离地面之高度和室深（室宽）之比。室深系数越大，教室内的光线分布就越均匀。一般单侧采光，室深系数不小于 1：2，双侧采光不小于 1：4，否则，远离窗口的座位光线较暗，不符合卫生要求。

统一眩光值： 是指度量处于视觉环境中的照明装置发出的光对人眼睛引起不舒适感主观反应的心理参量，教室的统一眩光值不宜小于 19。

照度均匀度： 指规定表面（如教室课桌表面、黑板表面）上的最小照度与平均照度的比值，反映该表面上照度的均匀程度。照度均匀度越接近 1 表明光线分布越均匀，视觉感受越好，反之越容易出现视觉疲劳。

（潘臣炜）

第四章

昂首挺胸——
脊柱弯曲异常要预防

一

脊柱弯曲异常的
成因与危害

1. 为什么人体**脊柱**会有**弯曲**

脊柱有四个生理弯曲，这是人类在长期进化过程中形成的最适应人体的生理结构，是由人体的生物力学结构决定的。脊柱的生理弯曲对于维持日常的姿势平衡，以及脊柱的正常结构和功能十分重要。

专家说

在长达几百万年的漫长进化历程中，人的体态从四肢着地的爬行姿势逐渐发展为直立行走的形态，由此脊柱形成了S形的生理弯曲。脊柱的生理弯曲分为颈曲、胸曲、腰曲、骶曲，颈椎、腰椎的生理弯曲向前凸，胸椎、骶椎的生理弯曲向后凸。

脊柱侧面观

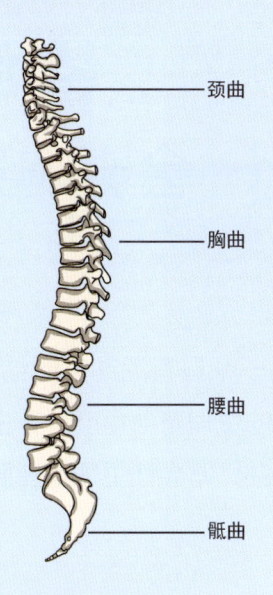

- 颈曲
- 胸曲
- 腰曲
- 骶曲

关键词：脊柱　生理弯曲

一　脊柱弯曲异常的成因与危害 | 139

关键词： 脊柱弯曲异常　不良姿势　健康

> 脊柱的各生理弯曲有着相应的作用：颈曲对于维持颈部的肌肉平衡较重要，能够对头部进行支撑，避免颅骨和大脑受到损伤；胸曲有利于维持胸廓，保护胸腔内心脏和两侧的肺脏，对于扩大胸腔的容积有一定的作用；腰曲有利于将身体的重心垂直线向后移，能够维护身体的平衡性，可以保证稳定的直立姿势，对脊柱和脊髓起到很好的保护作用；骶曲位于盆腔部位，能够给予周围脏器足够的空间，具有减缓冲击力的作用，能够保护盆腔脏器减少外力冲击。
>
> 无论上述哪个部位的生理弯曲出现问题，都会导致脊柱异常，并产生相应的症状。

（张凤云）

2. 为什么**脊柱弯曲异常**会影响身体健康

脊柱是一个具有活动度的结构，脊柱的曲度并非固定不变。脊柱存在一定的生理弯曲角度，在生理范围内使得躯体有一定的运动功能。脊柱弯曲异常会让生理弯曲原本的作用丧失，还会影响其他的生理功能。

专家说

有的儿童青少年坐得不端正，走路弯腰驼背，长期的不良姿态会导致脊柱正常生理弯曲发生改变，这不仅会造成脊柱外观畸形，让儿童青少年产生自卑心理，还会影响儿童青少年的活动能力，甚至对心肺等脏器和神经造成压迫和损伤，影响一生。

颈椎生理弯曲变直后，头部的重量会直接压在颈椎上，容易损伤大脑和颈椎，诱发颈椎病，引起颈背疼痛、上肢无力、手指发麻、头晕、恶心等。人体的肺、心脏、肝脏等脏器被胸椎以及与胸椎相连的肋骨所包围，所以胸椎后凸曲度变大会压迫胸腔脏器，引发一系列健康问题，如胸闷气短、疲倦乏力、消化不良、气管炎、支气管炎等。腰椎生理弯曲变直后，腰椎缺少了减震作用，当儿童青少年跳跃、跑步时，上半身的重量就会直接冲击到腰椎上，刺激椎间盘，导致腰椎间盘突出、腰部扭伤、腰椎退行性病变、腰椎骨质增生，引起疼痛。

健康术语

脊柱弯曲异常：脊柱弯曲形态超出了正常生理弯曲范围，主要包括脊柱侧弯和脊柱前后弯曲异常。

（张凤云）

3. 为什么**脊柱弯曲异常**好发于儿童青少年

关键词：脊柱弯曲异常　年龄

10~16岁的儿童青少年正处于生长发育高峰期，骨骼快速增长而肌肉生长跟不上骨骼生长的速度，导致肌肉力量薄弱、核心不稳，身体稳定性下降，再加上缺乏锻炼和不良的姿势习惯，容易造成脊柱弯曲异常。

> **专家说**
>
> 儿童青少年不良姿态有很多，如颈前伸、圆肩、驼背、骨盆前倾、骨盆后倾、小腹凸起、高低肩、长短腿、"剃刀"背等。随着年龄增加，儿童青少年的生长发育加快，同时，学习负担加重，儿童青少年长期久坐，运动量减少，加上现代电子产品如平板电脑和智能手机的普及致使儿童青少年长期低头姿势等，均可导致脊柱弯曲异常。

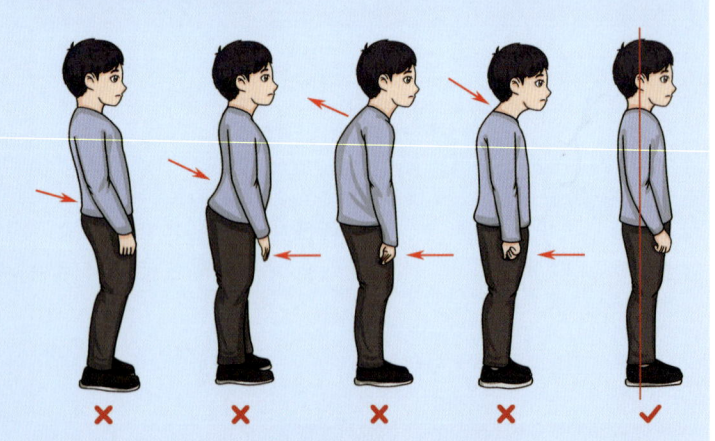

儿童青少年不良姿态与正常姿态

脊柱弯曲异常包括脊柱侧弯、脊柱后凸（即驼背）、脊柱前凸及直背等。脊柱侧弯主要分为非结构性脊柱侧弯和结构性脊柱侧弯。前者是指由某些原因引起的暂时性侧弯，一旦原因去除，即可恢复正常；后者则常为真正的脊柱侧弯，按病因学分类，通常分为特发性脊柱侧弯和其他类型脊柱侧弯。儿童青少年脊柱弯曲异常主要是脊柱侧弯，以特发性脊柱侧弯最为常见，占到80%以上，青春期女性是高发人群，需要学校和家长重点关注。

健康术语

脊柱侧弯： 指脊柱在冠状面（左右方向将人体分为前、后两部的纵切面）上一个或多个节段椎体偏离身体中线向侧方形成弯曲，多伴有椎体的旋转和矢状面（前后方向将人体分成左、右两部的纵切面）上后凸或前凸增加或减少、肋骨和骨盆的旋转倾斜畸形以及椎旁的韧带肌肉异常，是一种脊柱的三维结构畸形。以外观异常为主要早期临床表现，随着畸形的进展，身体躯干失平衡、背部疼痛等临床症状逐渐产生。

（张凤云）

4. 如何**预防**脊柱弯曲异常

关键词

预防 良好生活方式

培养儿童青少年形成良好的生活方式，保持正确坐、立、睡、行姿势习惯，保证足够的体育锻炼时间，合理休息和营养补充，定期筛查，尽早发现尽早干预，可以有效预防脊柱弯曲异常的发生。

专家说

在儿童青少年生长发育的关键期，应定期观察其后背，判断脊柱的形态，如果出现不对称或者不平衡等症状，要及时去医院进行脊柱的筛查。

自我检测的方法如下：暴露背部，自然站立，通过5条线判断后背是否对称，5条线可以总结为"4横1竖"。

(1) 双肩是否等高，头部是否居中；

(2) 左右肩胛骨在脊柱两侧是否对称，肩胛下角是否等高；

(3) 两侧腰凹是否对称；

(4) 两侧髂嵴是否等高（即骨盆是否水平）；

(5) 棘突连线是否倾斜或偏离正中线。

这5条线有任何1条线出现异常都属于躯干不对称。

健康云课堂

如何预防学生脊柱弯曲异常

（张凤云　张　欣）

关键词　Cobb 角　治疗

5. 如何**治疗**脊柱弯曲异常

如果儿童青少年只是出现姿态不良，可通过纠正不良姿势、加强体育锻炼等自行矫正，在此期间学校和家长应注意观察其姿态变化，加重者应及时复诊。已经筛查为脊柱弯曲异常的儿童青少年，应及时到正规的医疗机构接受临床专科治疗，根据严重程度、变化风险、病理生理情况等，选择合适的治疗方案。

专家说

如果发现异常须尽快到专业的医疗机构拍摄全脊柱 X 线片，根据侧弯角度选择合适的治疗方案，以免错过矫正的最佳时机。脊柱侧弯的矫正治疗一般根据 Cobb 角确定。Cobb 角在 10°~20° 时可选择运动康复治疗，锻炼肌肉功能，定期复查；Cobb 角增加大于 5°/年，应及时进行矫形器治疗；Cobb 角在 20°~45°

时，需要佩戴脊柱侧弯矫形器进行治疗，同时可结合运动康复治疗；当 Cobb 角大于 45°，侧弯角度大，其他治疗手段效果不佳，侧弯进展快时，应采取手术治疗。手术的方式主要是应用内固定技术纠正脊柱侧弯，恢复脊柱正常或接近正常的曲度，改善心肺功能，减少其他并发症。

健康术语

姿态不良： 正确的身体姿态是指身体在直立或坐姿状态下可以长期保持稳定状态，且能维持各组织器官的正常功能，各关节、韧带、肌肉处于适当紧张程度的一种正常身体状态。偏离正确身体姿态的状态均为姿态不良，通常表现为 Cobb 角 <10° 的脊柱侧弯、颈椎前倾、圆肩、含胸、驼背、骨盆前倾、骨盆后倾等。

Cobb 角： 评估脊柱侧弯严重程度的重要指标，一般角度越大代表着侧弯越严重，其测量是在全脊柱正位 X 线片上：选择弯曲两端最倾斜的椎体（即上、下端椎体），沿其上下终板做平行线，这两条线所形成的夹角称为 Cobb 角。

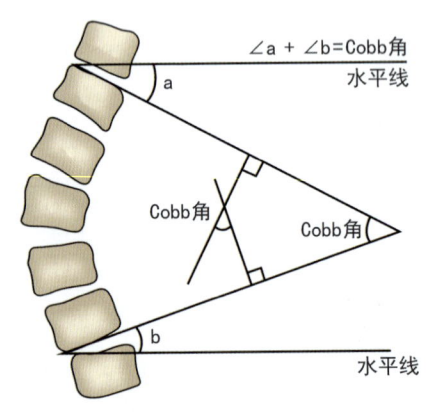

Cobb 角测量示意图

（张凤云）

二

培养良好的
坐立习惯

6. 怎么"**坐**"才能预防脊柱弯曲异常

关键词

坐姿　三个「90」

预防脊柱弯曲异常，牢记三个"90"：腰部挺直，腰部与双大腿保持 90°；双大腿与双小腿保持 90°；上肢的上臂与前臂也需要保持 90°。

专家说

想要脊柱健康，首先要从姿态"坐"起。对于长时间坐在书桌前学习的学生来说，保持良好坐姿和写作业姿势格外重要，否则极易引发脊柱侧弯。

标准坐姿应是：椅背向后倾斜呈 90°~120°；把臀部移到座位的后面，坐正，身体与地面基本垂直，腰背部和臀部向后靠于椅背上，上身自然挺拔并放松，膝盖弯曲 90° 左右，双脚平放到地面或放于稳定的平面上。双目平视，下颌和头微收，使头部重心回落肩上，肩部和上臂与身体保持平行，尽量与地面保持垂直，两侧肩胛骨下沉略向后收缩，同时上臂稍微外旋，打开胸腔，双手自然下垂或放于大腿上，就坐时不要养成跷"二郎腿"的坏习惯。日常也要保证有足够的体育锻炼时间，加强背部肌肉的力量。

健康加油站

配备适合学生身高的课桌椅,有助于培养正确的坐姿,是减少儿童青少年脊柱弯曲异常发生的关键措施之一。学校应按照《学校课桌椅功能尺寸及技术要求》(GB/T 3976—2014)配备或调节桌椅高度(表4-1)。

表4-1 中小学生课桌椅各型号的标准身高、身高范围及颜色标志

课桌椅型号	桌面高/mm	座面高/mm	标准身高/cm	学生身高范围/cm	颜色标志
0号	790	460	187.5	≥180	浅蓝
1号	760	440	180.0	173~187	蓝
2号	730	420	172.5	165~179	浅绿
3号	700	400	165.0	158~172	绿
4号	670	380	157.5	150~164	浅红
5号	640	360	150.0	143~157	红
6号	610	340	142.5	135~149	浅黄
7号	580	320	135.0	128~142	黄

续表

课桌椅型号	桌面高/mm	座面高/mm	标准身高/cm	学生身高范围/cm	颜色标志
8号	550	300	127.5	120~134	浅紫
9号	520	290	120.0	113~127	紫
10号	490	270	112.5	≤119	浅橙

注：1. 标准身高系指各型号课桌椅最具代表性的身高。对正在生长发育的儿童青少年而言，常取各身高段的组中值。

2. 学生身高范围厘米以下四舍五入。

3. 颜色标志即标牌的颜色。

（张凤云）

关键词：站姿 纠正不良姿势

7. 如何纠正"站没站相"

纠正"站没站相"，即纠正不良站姿，可以通过加强腰背部肌肉的锻炼来帮助保持正确的姿势。而难以改善者应去医院进行检查评估，明确异常体态的原因和程度，情况较重者可以借助支具和专用的矫形器进行矫正。

专家说

"站没站相"是人的一种不良体态，站立时含胸驼背，头部前倾，将身体的重心放在单侧，长期一侧倾斜用力，不仅影响儿童青少年的外表形态，对其健康的危害也非常大。不良站姿可以导致儿童青少年出现

头部前倾（颈椎正常弧度减少或变直）、含胸、圆肩、驼背（胸椎曲度增加）、肩胛骨耸起等一系列形体的变化，这些会导致儿童青少年颈肩部肌肉紧张，引起肌肉酸痛、头痛、头晕、手臂麻木、呼吸不畅、心慌、胸闷等各种症状。严重者脊柱会有不同程度的侧弯和扭曲。

纠正"站没站相"，最重要的是培养正确的站立习惯，站立时身体重心在双脚之间，落在脚的后1/3，内足弓的最高点，足趾有意识地抓地，膝盖和脚尖的方向保持一致，臀部和腰腹要有意识地收缩，肩部保持下沉，锁骨向两端延伸，胸腔打开，下颌微收，头部落于肩部正上方。

健康加油站

如果儿童青少年存在站立时高低肩、长短腿，走路不协调，背部不对称，双脚鞋底磨损不一致等问题，那就应该警惕是否存在脊柱侧弯的问题，应及时去医院进行检查评估。老师和家长要时刻注意督促儿童青少年保持正确的姿势，做到"站直坐正"，纠正其单侧用力的习惯，鼓励用双肩背书包，尽可能减轻书包重量，并加强腰背部肌肉的锻炼，减少脊柱负担。

（张凤云）

8. 为什么就坐时不要跷"二郎腿"

关键词：坐姿　脊柱侧弯

跷"二郎腿"是一种不良的坐姿习惯，长此以往会损伤脊柱，增加静脉曲张风险，导致膝关节损伤，严重危害学生健康。

专家说

人在跷起"二郎腿"时，容易弯腰驼背，造成脊柱的压力分布不均。此时的骨盆会带动脊柱旋转，造成肌肉过度拉伸，脊柱左右两侧的软组织被动失去平衡。时间久了，容易引起背部肌肉疲劳、酸痛，甚至可能造成脊柱扭曲或脊柱侧弯。

除此之外，跷"二郎腿"时膝关节长时间保持一种扭曲的状态，会增加膝关节内部结构的压力，使软骨出现营养障碍、磨损，同时腿的后部及腘窝处静脉受压，静脉回流受阻，静脉压力增高，这些都是下肢静脉曲张的隐患。

健康加油站

很多学生在写作业、看电脑时都习惯跷着"二郎腿"，感觉这个姿势能缓解疲劳，让身体更加轻松、更加省力，殊不知这个坏习惯正在侵蚀身体的健康。如果已经养成了跷"二郎腿"的习惯，应及时纠正。首先，要采取正确的坐姿，坐的时候坐直坐正，双脚踩在地面上，不要悬空，小腿与大腿间的角度约为 90°，如果双脚无法着地，可以尝试在脚下垫点东西辅助。

其次，多起身活动，增加体力活动和对称性肌肉锻炼，保证每天中高强度运动时间不少于 60 分钟，每周不少于 3 次的抗阻运动；还可以学习一些拉伸运动，增强核心肌群和臀部肌肉力量。核心肌群是围绕在腹部、盆底、下背和膈肌的肌肉，这些肌肉起到稳定人体脊柱、胸廓和骨盆的作用。

（张凤云）

9. 怎样的**走路姿势**是正确的

走路时，应抬头、挺胸、收腹，眼睛平视前方，先轻抬腿迈出脚，脚尖迈向正前方，膝盖伸直，从脚后跟到脚尖依次落地，同时上臂在身体两侧自然摆动。

> **专家说**
>
> 常见的错误走路姿势有以下几种。
>
> （1）跷脚走路（前脚掌走路）：跷脚走路时，前脚掌要支撑整个身体的压力，容易造成脚踝以及脚趾关

节的慢性损伤，另外，这种姿势也会增加膝关节的压力，造成膝关节骨与软组织损伤。

（2）**拖着走**：拖着走路时，脚掌全部着地"拖沓"着，没有从脚后跟到前脚掌的过渡过程，由于这种姿势不能发挥足部的缓冲作用，长时间会造成膝关节、踝关节以及周围韧带和肌肉的慢性损伤。

（3）**内、外"八字"**：如果走路时刻意呈内、外"八字"，会改变正确的肌肉发力，长此以往还有膝内翻（又称"O形腿"）、膝外翻（又称"X形腿"）的风险，不但不美观，还增加了关节炎的患病风险。

（4）**上身姿势不正确**：走路时含胸驼背、左倒右歪、双手插兜等不良习惯，都会影响正常的步态周期，从而影响下肢的关节及肌肉健康。

如果有上述情况发生，应及时纠正，采取正确的走路姿势，如果不能纠正，则须前往医院专科进行检查评估，确认骨盆、髋膝关节、踝关节或者足部是否存在先天的畸形，早发现，早治疗。

鞋底的磨损情况和走路姿势有关。走路姿势正确时，鞋跟后外侧以及脚掌五个脚趾所对应的区域会出现磨损，且鞋底的受力和磨损是均匀的。但如果走路姿势不正确就会出现以下情况：前脚掌磨损严重，可能存在踮脚走路的情况；鞋底外侧磨损严重，可能是由于走路呈外"八字"，也可能是由高弓足这一疾病所致；鞋底内侧或者中间磨损过多，可能是由于走路呈内"八字"，也可能是由足弓消失造成的，比如扁平足。

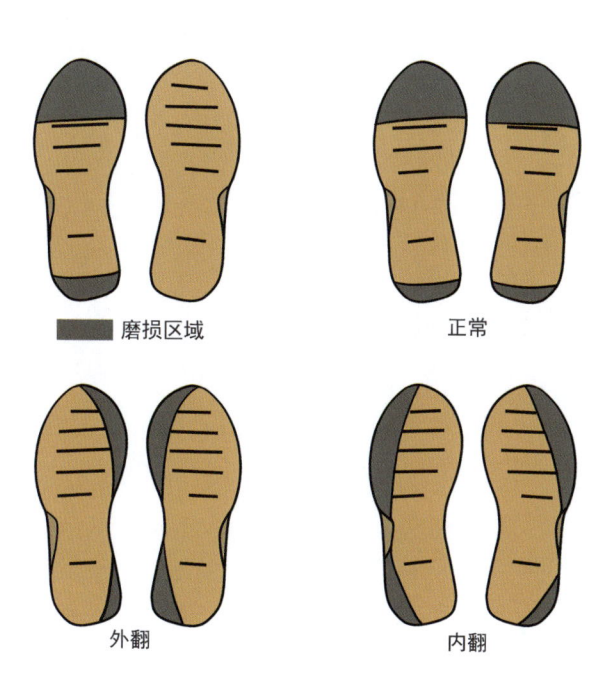

■ 磨损区域　　　正常

外翻　　　内翻

（张凤云）

三

避免日常用品对脊柱健康的影响

10. 为什么**床垫**太软或太硬都不行

仰卧时，若床垫过于柔软，臀部将深深陷入床垫之中，盆骨向前旋转，腰部脊柱曲度变大，容易引起腰大肌、竖脊肌痉挛，影响腰臀部的舒适性，进而影响睡眠质量。若床垫较硬，床垫界面压力比较集中于腰臀部、大腿，腰部脊柱曲度变小或后凸，进而容易造成腰大肌、腰方肌紧张，这些均不利于睡眠，也不利于身体各部位的舒适性。

专家说

那么什么样的床垫有助于脊柱健康，同时还能提高睡眠质量呢？床垫不同的材料、软硬度及支撑方式，决定了床垫能否为身体提供有效支撑。建议选择分区床垫，能独立撑托身体的每一个部位，以顺应人体曲线，让身体各部位肌肉得到更好的放松，将更有利于睡眠以及脊柱健康。中等硬度的床垫应是首选。有研究提示，中等硬度床垫对卧床时疼痛的改善及疼痛相关功能障碍的改善均要优于硬质床垫；还有研究表明，床垫的硬度可直接影响睡眠质量，与硬质的木板床和软质的海绵床垫相比，中等硬度的弹簧床垫较利于获得良好的睡眠。

关键词：腰椎健康　脊柱形态　床垫软硬度

关键词 脊柱健康 脊柱侧弯 背负方式

健康加油站

床垫太软会使儿童青少年睡姿下俯，时间长了就容易引起脊柱弯曲异常，身体曲线随之发生变化，严重者会出现驼背、侧肩等后天畸形；床垫太硬易压迫背部神经，影响血液正常循环，长期下去会导致骨骼发育不良，甚至埋下脊柱侧弯等隐患。为了保证处于生长发育期的儿童青少年脊柱形态正常，床垫需要提供有力的支撑，所以对于床垫要有一定的硬度要求，应避免选择过硬或过软的床垫，建议根据儿童青少年的身体形态，选择软硬度适中、身体贴合度高、材料适宜的床垫。

（尹小俭）

11. 为什么说"书包背不对，脊柱很受罪"

不当的书包背负方式，如背过重或设计不合理的书包，会对脊柱造成过大压力，特别是在儿童青少年中，可能引起脊柱弯曲异常或其他长期健康问题。为保护脊柱健康，建议减轻书包重量，均衡分布重量，正确调节背带，并定期调整书包大小。这些措施可以有效预防书包背负不当导致的脊柱问题。

专家说

在日常生活中，不正确的书包背负方式常常对脊柱造成负担。研究显示，过重的书包会导致脊柱压力过大，尤其是在儿童青少年中，这种影响尤为显著。美国儿科学会建议，书包的重量不应超过儿童青少年体重的 10%~15%。超过这个比例，儿童青少年在背负书包时会不自觉地向前倾斜以平衡重量，从而导致脊柱弯曲异常。脊柱弯曲异常不仅是短期的健康问题，长期来看，还可能导致持续的背部疼痛、肌肉紧张甚至是骨骼结构的永久性改变。在青少年时期，骨骼和肌肉仍在发育，不恰当的重量负担可能会对这一发育过程产生负面影响，增加未来患慢性背痛或其他脊柱相关疾病的风险。

此外，书包的设计和背负方式也是关键因素。一个设计不合理的书包可能分布重量不均，导致儿童青少年的一个肩膀承担更多重量，从而使脊柱扭曲。理想的书包应该有宽阔且有弹性的肩带，背部有缓冲材料，以减少对脊柱的压力。

健康术语

肌肉紧张： 肌肉长时间或过度用力导致的紧绷状态，可能伴随疼痛和功能障碍。

（尹小俭）

12. 什么样的鞋子有利于脊柱健康

关键词

支撑　平衡　脊柱侧弯

长期穿着不合适的鞋子会使脊柱受到冲击和伤害，不利于儿童青少年的脊柱发育。在选择鞋子时，首先要选择合适的尺码；其次，鞋子要具有足够的支撑和缓冲作用，可以减轻儿童青少年运动时脊柱受到的冲击；再次，要根据脚型选择相应贴合的鞋型，同时还要注意避免鞋跟过高。

专家说

在儿童青少年时期，骨骼和脊柱正处于发育阶段，足部是支撑身体重量的重要部位，鞋子的选择对儿童青少年脊柱健康有着重要的影响。加强身体姿态和脊柱健康相关知识的健康教育，帮助儿童青少年掌握有益于身体姿态和脊柱健康的锻炼方法，形成有益于身体姿态和脊柱健康的行为习惯，对于儿童青少年维持良好身体姿态，降低脊柱健康问题如颈肩腰背疼痛、驼背、脊柱侧弯等的发生风险具有非常重要的意义。

健康加油站

儿童青少年的足弓还处于发育过程中，选择对足弓有支撑作用的鞋子对脊柱的正常发育至关重要，而且较好的支撑和缓冲还可以减轻运动过程中脊柱受到的冲击，减少脊柱和关节应力，降低脊柱不良发育的风险。同时，鞋子的形状和尺寸也至关重要，不合适的尺寸和形状可能导致不正常的步态，过高的鞋跟可能导致身体姿势的改变，这些都会增加脊柱压力，对脊柱的生长发育产生负面影响。

总而言之，选择合适的鞋子对儿童青少年脊柱健康至关重要。购买鞋子时应注意舒适性、支撑性并选择合适的尺寸，以帮助维护脊柱的正常发育和整体健康。如有需要，可以咨询专业医生的建议。

（尹小俭）

关键词：坐姿　身高　课桌椅高度

13. 为什么**课桌椅的高度**与脊柱健康有关

学生使用过高或过低的课桌椅学习，会导致长期不正确的坐姿、读写姿势，使脊柱得不到很好的休息，进而导致脊柱两侧肌肉长期受力不均，双侧肌肉的紧张度不均衡，造成腰背部的肌肉疲劳受损，而脊柱抗疲劳能力下降又使得学生无法长时间保持正确的坐姿和读写姿势，造成恶性循环，进而导致脊柱弯曲异常的发生。

专家说

脊柱弯曲异常的预防和矫治需要社会、学校、学生、家长的共同参与和协调配合。

首先，应通过社会媒体广泛传播脊柱健康知识和脊柱保健理念，引起社会对儿童青少年脊柱健康问题的关注。

其次，学校应按学生身高配备合适的课桌椅并且每学期对学生的课桌椅高度进行人性化调整；同时应将脊柱健康教育作为学校课程体系的一个组成部分，规划脊柱健康练习的固定时间，积极有效地开展健康教育，由校医和体育教师负责指导学生做矫正体操，宣传对脊柱健康有益的运动锻炼知识，且定期组织力量练习、拉伸练习、肌肉激活练习等，日常督促学生保持正确的身体姿势，如坐站姿势、提举姿势、搬运姿势、背包方式等。

再次，家长应给孩子配备与身高相匹配的桌椅，监督孩子的坐、卧、行、走姿势，及时纠正孩子的不良姿势。

健康加油站

  儿童青少年脊柱受外力作用容易发生姿势性侧弯，这主要与儿童青少年身体发育较快、骨骼中钙磷含量较少而有机成分含量较多、骨化过程尚未完成、脊柱周围肌肉和韧带发育不全或肌肉和韧带柔弱相关。部分儿童青少年长期使用与身高不匹配的课桌椅进行阅读、书写等活动，可引发弯腰、歪头、扭身等不良姿势，容易导致脊柱发生姿势性侧弯。

（尹小俭）

四

运动促进脊柱健康

14. 为什么**适宜的运动**有利于脊柱健康

脊柱是人的一个重要的功能单位，是人体躯干重要的支撑，不论我们做什么动作都会用到脊柱。脊柱的稳定性影响着运动功能，反过来，适宜的运动也可通过增强核心肌肉力量、改善姿势，提升脊柱的支撑能力，有利于脊柱的健康。

专家说

研究指出，运动对脊柱健康的重要性在于其有助于加强腹部、背部和骨盆周围的核心肌群力量，这些肌群对于保持脊柱的稳定和支撑作用至关重要。举例来说，进行平板支撑、桥式运动、俯卧撑等训练，可以有效强化这些核心肌群，从而为脊柱提供更可靠的支撑。

另一方面，正确的姿势对脊柱健康同样至关重要，长期保持不正确的姿势可能导致脊柱问题的产生。研究表明，良好的姿势能够减轻脊柱的压力和负担。因此，正确的坐姿、站姿和睡姿是维持脊柱健康的重要因素。有运动习惯的人群通常会有更好的生活习惯，并且有的运动会直接改善脊柱问题。

关键词

核心肌群　支撑能力

健康加油站

学生应积极参加体育锻炼，了解脊柱相关的健康知识，养成良好健康的姿势习惯。家长应督促学生养成良好的身体习惯，并且陪伴孩子加强体育锻炼，周末保证至少 1 小时中高强度运动如游泳、打球、吊单杠；同时还应定期带领学生健康体检，一旦发现脊柱弯曲异常，要尽早到专科医院就诊。

（尹小俭）

关键词：脊柱健康 运动种类 运动强度

15. 如何为脊柱健康开具恰当的运动处方

据统计，截至 2020 年我国脊柱侧弯人数已超过 300 万，并以每年 30 万的速度递增，其中超过半数为青少年，防控形势非常严峻。运动是预防脊柱侧弯的有效手段。运动处方是以处方形式制订的运动锻炼方案，指导人们有目的、有计划和科学地进行锻炼，内容包括运动种类、运动强度、运动时间、运动频率、运动进度及注意事项等。

专家说

运动处方的运动种类可分为三类，即耐力性（有氧）运动、力量性运动、伸展运动和健身操。有氧运动能促进身体血液循环，清除代谢产物，缓解腰背部疼痛；核心力量训练运用瑞士球、平衡板等不固定器械创造的不稳定状态，可以刺激更多核心区域深层小肌肉群参与运动，有效预防脊柱弯曲异常，提高平衡能力。

对于脊柱侧弯的患者而言，运动强度应依据患者个体疾病情况和康复评价结果决定，疾病活动期采用中小强度，稳定期采用大强度，每周练习5~7次，80~100分/次，其中有氧运动和力量性运动各30~40分钟，伸展运动融入准备活动和放松活动各10分钟，呼吸肌练习每天进行，考虑治疗的长期性、依从性、经济效益，建议以家庭、地面运动为主，刚开始实施运动计划时在专业人员指导下进行。

以下运动可以有效地锻炼脊柱，促进脊柱健康。

（1）小燕飞训练：取俯卧位并全身放松，头部、四肢尽量向上抬起，尽量让肋骨和腹部支撑身体，使人体的脊柱形成向上的拱形。

（2）单杠悬吊锻炼：双上肢分开与肩同宽，然后握住单杠，利用身体的自身重量进行悬吊锻炼，拉伸背部脊柱，保证脊柱处于正常的生理位置。

小燕飞训练

单杠悬吊锻炼

（尹小俭）

关键词 热身运动 脊柱压力过大

16. 运动时如何**避免**让脊柱承受**过大压力**

脊柱为人体的中轴骨骼，具有支撑躯干、保护内脏、保护脊髓和进行运动的功能。大多数情况下，运动可以有效避免脊柱出现问题，但运动不当则会让脊柱承受过大压力，对身体造成一系列伤害。许多研究表明，运动不当是导致脊柱受伤的重要因素。因此，人们在从事运动时，应通过在运动前、中、后采取保护措施，避免脊柱因运动不当，承受过大压力而损伤。

专家说

　　脊柱压力过大的主要原因是身体功能过度使用及运动过程中的组织安排不合理。其中，最明显的就是运动强度过大。确定运动强度是制订运动计划的重要内容，运动强度过大不仅对身体健康无益，还可能会造成脊柱的损害。此外，有许多预防措施可以有效避免脊柱在运动中压力过大：如在运动前进行热身运动，以此增加血液循环，使脊柱周围的肌肉、韧带更加柔软，进而起到支撑脊柱的作用；在从事一些高风险的运动时，应佩戴护颈、护腰等运动护具，缓解脊柱在运动中所承受的压力；在运动过程中，规范运动的姿势与动作可以有效减少脊柱因压力过大而出现的运动损伤；在运动结束后，应适当休息和恢复，可通过拉伸、按摩、补充营养等方式缓解脊柱在运动中承受的压力，避免进一步造成脊柱的损伤。

　　2017年8月11日，国家体育总局发布的《全民健身指南》中提出，从事体育健身活动必须遵循安全性原则，开始体育健身活动前，应进行身体检查，全面评价个人身体状况和运动能力，制订适合自己特点的体育健身活动方案。确保体育活动者不出现或尽量避免发生运动伤害事故，是参加体育健身活动的首要原则。因此，在从事运动时，应遵守上述原则，采取相应的措施，避免脊柱承受过大压力，发生运动伤害事故。

关键词

康复运动 脊柱弯曲异常

健康术语

脊柱活动度： 指脊柱在静止状态下的活动范围，是脊柱的一个活动方向。人体脊柱活动度一般在 90°~135°。如果脊柱活动度大于 135°，非常容易造成脊柱损伤，如果脊柱活动度小于 90°，则说明脊柱的活动度过小，可能是由脊柱退变性疾病所引起，例如腰椎间盘突出症、颈椎病等。

（尹小俭）

17. 如何通过**运动**改善姿势不良造成的**脊柱弯曲异常**

长期姿势不良造成的脊柱弯曲异常使脊柱产生旋转，继而引起脊柱侧弯。因此，简单的针对侧弯所做的处理虽然可以减轻侧弯的程度，但是无法从根本上解决问题。规范有效的康复运动是改善脊柱弯曲异常常用的方法之一。

专家说

通过康复运动改善脊柱弯曲异常需要从以下四个方面出发：训练骨盆稳定、躯干伸展、呼吸训练和核心抗扭转。总的来说就是加强核心肌群的肌力，拉伸腰背部肌肉，改善呼吸模式。合理、适度的力量训练与核心训练有助于改善脊柱侧弯程度，增加脊柱周围的肌肉力量，使脊柱周围的肌肉能够更好地稳定关节、

固定脊柱。而错误的肌肉强化，如对已经因为脊柱侧弯而紧张、强壮的肌肉进一步加强，就有可能使脊柱侧弯程度进一步加重。

所以，在进行常规训练时应适当减少不对称的运动，避免单侧过度发力、过度使用而造成脊柱异常弯曲状况恶化，优先选择双侧同时完成的，相对稳定的训练动作。

核心力量训练的方法有很多，要尽可能根据各个学生群体的身体素质情况以及现实条件来进行科学优化，选择最适合的核心力量训练动作。

学生在日常生活中还可以通过一些简单的动作来改善脊柱侧弯：首先准备一把椅子，右脚掌转向椅子，右手扶住椅子后，身体尽量向左拉伸，然后上半身向右后侧转，感受左下腰段的拉伸感，保持30秒后做对侧，每天2次。

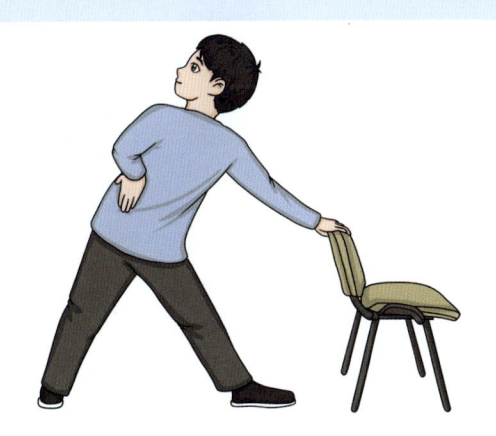

（尹小俭）

五

及时掌握
脊柱健康情况

18. 如何发现中小学生的脊柱弯曲异常

关键词：脊柱弯曲　前驱实验

少年脊柱强，国家脊梁壮，青少年的脊柱健康问题关乎着民族复兴大业。脊柱侧弯容易对青少年的身心健康造成巨大的伤害，而青少年脊柱侧弯越早发现，越早治疗，越容易恢复。因此，社会、学校和家庭都要重视青少年脊柱健康，定期对青少年进行脊柱弯曲异常筛查。

专家说

2022年，中华预防医学会脊柱疾病预防与控制专业委员会前期流行病学调查数据显示，目前我国脊柱侧弯的中小学生人数预计超过500万，并且这一数字还在以每年30万左右的速度递增。国家卫生健康委员会自2021年起就要求将脊柱弯曲异常筛查项目纳入学生体检内容，筛查结果将记入健康档案。这说明脊柱侧弯对于儿童青少年的危害不容小觑。当前，脊柱侧弯已成为继肥胖症、近视之后，影响我国儿童青少年的第三大"健康杀手"。

除了学校体检之外，家长也要常常观察孩子是否有脊柱弯曲异常的征兆，以下就是在家检测脊柱弯曲异常的方法。

五　及时掌握脊柱健康情况

（1）家长可以让孩子脱去上衣，直立双脚与肩同宽，双手垂直落在腿部两侧，背向家长。家长在光线明亮处观察孩子的双肩是否等高，腰背部是否对称，肩胛骨下方是否等高。

（2）前驱实验：让孩子站立前驱90°，若一侧背部或腰部较对侧隆起，可高度怀疑患有脊柱弯曲异常。

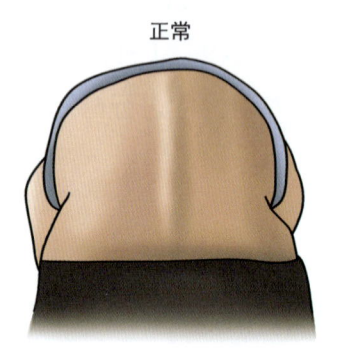

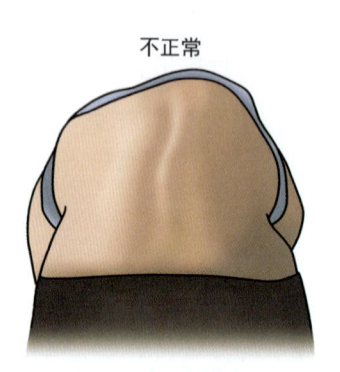

正常　　　　　　　　不正常

健康加油站

过胖或过瘦都不利于脊柱健康。过胖身体皮下脂肪多，睡眠时颈部、腰部增加了几个曲度，导致睡姿不良；过瘦则骨骼发育不良。因此，中小学生应注意均衡饮食，养成健康的饮食习惯，以维持健康的体型，进而保持良好的身体姿势和促进脊柱健康发育。

（尹小俭）

19. 脊柱弯曲异常应如何**矫正**

关键词：脊柱弯曲异常 矫正

当前，脊柱弯曲异常已成为继肥胖和近视后，威胁儿童青少年健康的重要问题之一，党和国家对此高度关注。加强体育锻炼、调整课桌椅高度和加强营养等综合策略，可早期矫正姿势性脊柱弯曲异常，脊柱弯曲异常规范筛查、及时转诊是学校卫生工作的重要内容。

专家说

家庭、学校、医疗卫生机构、媒体和其他社会团体等各界力量要主动参与建设有利于学生脊柱健康的社会环境。学校和家庭应当依据国家相关政策和标准要求，切实有效地减轻学生学业负担，鼓励学生参与体育锻炼，为学生配备适宜课桌椅以避免姿态不良。家庭生活中，父母应改变"重文轻体"的教育理念，鼓励陪伴子女闲暇时参加体育锻炼。

《健康中国行动（2019—2030年）》提出，学校应严格落实国家体育与健康课程标准，确保小学一二年级每周4课时，三至六年级和初中每周3课时，高中阶段每周2课时。适度减少久坐时间对预防脊柱侧弯的发生和进展至关重要。上学期间，校内体育活动对姿态异常具有调节作用，这也证明了加强学校体育的重要意义。日常锻炼中针对性增加一些对称性的背伸肌群的锻炼或牵拉，以及脊柱核心肌群的锻炼，如背肌练习、单杠、平板支撑等运动。与此同时,学校还应当开设针对脊柱弯曲异常患病学生的心理健康辅导,保护其隐私,减轻其心理负担,并在监测和筛查过程中注意减轻脊柱弯曲异常学生疾病负担和心理影响。

健康术语

姿势性脊柱弯曲异常: 儿童青少年中最常见的脊柱弯曲异常是姿势性侧弯和姿势性驼背,此外也有姿势性鞍背等,但较少见。这类患者脊柱内部结构无破坏,发病主要与长时间病态坐姿和运动不足有关,一般只发展到Ⅱ度。

疾病性脊柱弯曲异常: 某些先天或后天疾病造成的脊柱弯曲异常,如先天性半椎体、脊髓纵裂、腰椎骶化以及后天的脊柱结核、脊柱肿瘤、脊髓灰质炎后遗症、神经纤维瘤病、肌营养不良、外伤等都可造成脊柱侧凸或前后凸。双下肢不等长亦可造成脊柱的代偿性侧凸,脊柱异常程度主要与疾病的性质和严重程度有关。

(尹小俭)

20. 为什么说严重的脊柱弯曲异常需要**手术矫治**

脊柱弯曲异常由多种因素引起，可分为先天性因素和后天性因素。先天性脊柱畸形是在胎儿发育期间形成的，可能导致脊柱的不正常形状，包括脊柱侧弯、前弯或后弯。后天长期保持不良的生活习惯，例如不正确的坐姿、低头使用电子设备，可对脊柱产生负面影响。严重的脊柱弯曲异常会导致身体畸形、疼痛、呼吸受限、运动功能受限以及其他与生活质量相关的问题，非手术治疗方法，如物理治疗、矫形器治疗等，可能无法有效控制症状或纠正弯曲异常。这时，手术矫治是更直接、彻底和有效的矫正手段。

关键词：畸形 物理治疗 手术矫治

专家说

在日常生活中，儿童青少年过多使用电子产品、久坐不动、走路含胸低头、坐姿不端正等行为很容易引起脊柱形态不良等问题。儿童青少年读书写字时如果出现了"坐没坐相"或肩膀不等高的情况，就很可能是脊柱出现了问题，如果不加以纠正，可能会导致严重的身体和心理健康问题。

根据2021年国家卫生健康委疾控局发布的《儿童青少年脊柱弯曲异常防控技术指南》，脊柱弯曲异常是指脊柱弯曲形态超出了脊柱正常生理弯曲范围，主要包含脊柱侧弯和脊柱前后弯曲异常。

如果脊柱弯曲异常导致脊柱不稳定，会增加骨折或其他骨骼问题的风险，手术可以通过矫正脊柱、加强稳定性来预防进一步的损伤；如果脊柱弯曲异常引起了神经结构的压迫，导致神经功能障碍，如麻木、疼痛或肌无力，手术是减轻这些症状的有效方式；如果脊柱弯曲异常随着时间的推移而进展，尤其是在骨骼发育过程中，弯曲异常可能会继续发展，而且可能会导致更严重的问题，那么，必要时可能需要手术矫治。

（尹小俭）

第五章

安全为首——
集体活动安全常识

一

校园集体活动中
可能遇到的安全问题

1. 为什么**大型集体活动**中可能发生踩踏事故

关键词

大型集体活动 踩踏事故

大型集体活动通常人群密集，如遇到紧急情况，若无有效的疏散措施或安全措施，则可能会导致人群混乱和踩踏事故的发生。

专家说

大型集体活动中发生踩踏事故可能有以下几点原因。前面有人摔倒（或只是蹲下来系鞋带），后面人群没有止步；遇到火灾、爆炸声或其他可能引起惊慌的事件，人们无组织无目的逃生；人群因过于激动（兴奋、愤怒等）而出现骚乱；因好奇心驱使，去人多拥挤处探究竟；上下楼梯故意拥挤、推搡、突然停留等。此外，如果通道或出口被阻塞，人员疏散受阻，更增加了踩踏的风险。

一旦出现踩踏，后果十分严重。由于人挤着人，个体的胸部受到严重挤压，无法扩张，短短几分钟内，就可能因为无法呼吸导致死亡。

一 校园集体活动中可能遇到的安全问题

健康加油站

当发觉拥挤的人群向着自己行走的方向涌来时，不要盲目奔跑，更不要逆流前进。若已经陷入拥挤人群，可左手握拳，右手握住左手手腕，双肘与双肩平行，放在胸前，形成牢固而稳定的三角保护区，同时微弯下腰，低姿前进。

踩踏现场一旦摔倒，要设法靠近墙壁墙角，或人流移动方向的侧面。牢记自救"二十四字诀"：紧急侧卧，双手扣颈，护住头部，蜷缩成团，并腿收拢，全身紧绷。

（罗春燕）

2. 为什么要认识学校的 **逃生出口**和**路线**

认识学校的逃生出口和路线对于学生的安全至关重要，在发生火灾、地震或其他紧急情况时，熟悉逃生出口和路线可以帮助学生快速、有序地疏散。

关键词

逃生路线　安全演练

专家说

发生事故尤其是火灾事故时（特别是人员密集场所），由于涉险人员不知道、不熟悉逃生出口、逃生路线，安全出口被占用等造成人员伤亡的情况比较多见。如果熟知逃生路线且逃生路线畅通，涉险人员则完全可能平安脱险。

如果学生事先熟悉逃生出口和路线，在紧急情况下，可能会减少恐慌和混乱，从而降低受伤的风险。学校应定期进行火警演练或紧急疏散演练，目的是让学生熟悉逃生路线和学习正确的疏散程序，一旦遭遇突发事件，学生能在最短的时间内进行逃生。学生应该积极参与学校安全演练并时刻保持对逃生通道的认识。

学生应形成确认建筑物紧急出口和疏散楼梯间位置的习惯，尤其是进入学校、酒店等人员密集场所时。

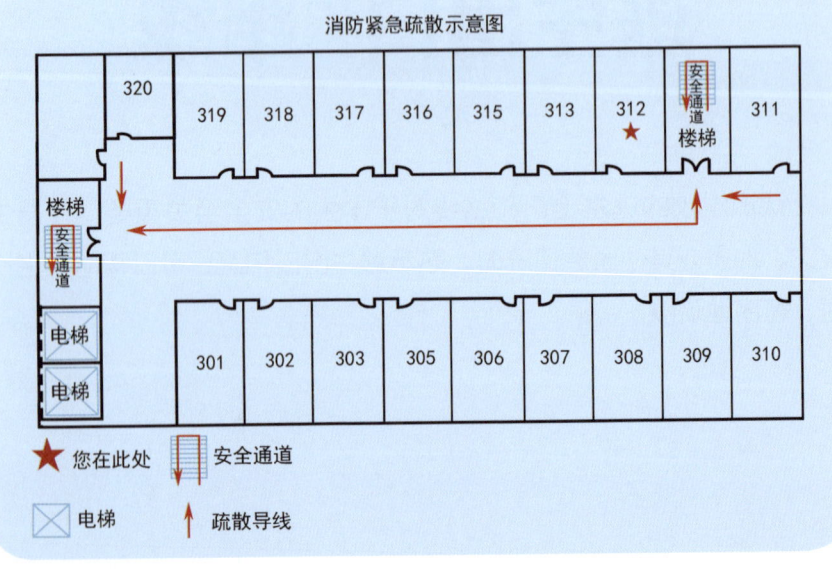

消防紧急疏散示意图

（罗春燕）

3. 为什么学校安排集体活动前要**关注**各种**气象信息**

学校安排集体活动前关注气象情况有助于更好地规划资源，包括人员、设备和场地的调配，以确保学生和工作人员的安全以及活动的正常进行。

专家说

出于安全考虑，恶劣的天气条件可能对学生和工作人员的安全产生影响。例如，暴风雨、大雪、雷电、雾霾等可能导致道路湿滑、积雪深厚或电力故障，这些都可能对活动的进行和参与者的安全造成威胁。提前了解气象信息可以让学校采取一些预防措施，以减少不利天气带来的影响。如果是户外活动，晴朗的天气更有利于活动的顺利进行，而在阴雨、雾霾天气下，则需要调整计划或选择合适的室内场地，在极端恶劣天气下则考虑停止活动。学校在集体活动前也会告知家长有关活动的安排，包括可能的天气影响，便于家长为孩子做好准备。

关键词：集体活动 气象信息

关键词

健康加油站

逃生锤 自救

缺乏必要的安全保护意识引发的中小学生伤害事故时有发生。同学们要注意收听天气预报，遇到恶劣天气（台风、暴雪、暴雨、山洪、泥石流等），要注意接收学校停课等通知，尽量待在安全室内，避免户外活动。如遇台风、暴雨，应检查室内门窗是否关好；不要在大树下躲雨或停留；在积水中行走要谨慎小心，谨防跌入窨井中；切勿在玻璃门窗、广告牌等高空建筑物下面逗留。如遇道路结冰，外出时应采取防寒保暖和防滑措施。雷电天气时，应远离电线等带电设备和其他类似金属装置，切勿接触天线、水管、铁丝网、金属门窗、建筑物外墙。如遇山洪、泥石流，切勿沿沟谷往下跑，应向两侧高处躲避。在雾霾天气，学校应根据污染的严重程度合理安排学生到校、户外活动和空气净化设备的使用。

（罗春燕）

4. 如何使用**逃生锤**

逃生锤是一种紧急状况下用于破坏车辆窗户或其他玻璃的工具，通常用于汽车事故或其他紧急情况，以帮助乘客逃生。

专家说

　　逃生锤的一端为尖锐的头部，另一端为握把。在紧急情况下，首先要保持沉着冷静，快速评估情况，找到逃生锤存放位置。选择玻璃的一个角落或者边缘作为击打位置。由于车辆玻璃设计的原因，玻璃中间位置较为坚固，角落边缘位置较为薄弱。握住逃生锤的握把，用力挥动逃生锤，使用尖锐的头部击打玻璃。通常敲击位置正确的情况下，只需一两次有力的击打就能够打破车窗。一旦窗户被打破，立即逃离车辆。在逃离的过程中，应避免被打破的玻璃划伤。

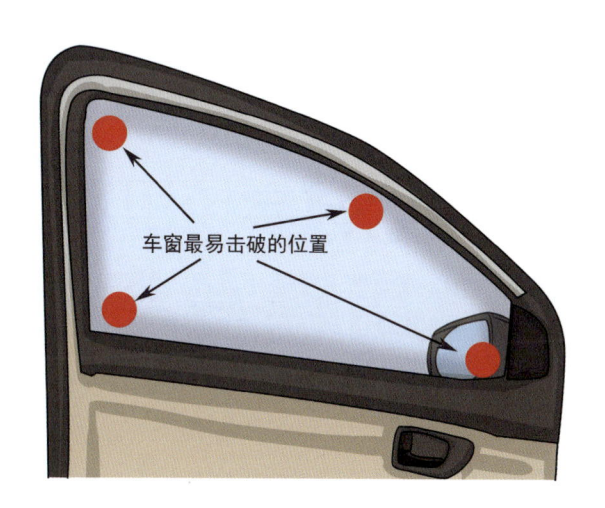

车窗最易击破的位置

关键词：传染病暴发　听从指挥

健康加油站

当遭遇紧急情况被困在车辆中时，采取冷静而有序的行动是至关重要的。首要原则是保持冷静，检查自身状况。如果周围有人受伤，适当提供简单的急救，不要做过于复杂的操作，以免造成更大伤害。如果车辆无法打开车门，可以使用逃生工具（如逃生锤）破坏车窗逃生。如果手机信号正常，拨打110、119和120寻求救援。总体而言，保持冷静、及时报警、寻找安全位置，并谨慎使用逃生工具，以确保在紧急情况下最大程度地保护自己和其他车内人员的安全。

（罗春燕）

5. 如何**应对**学校里发生的**传染病暴发事件**

学校发生传染病暴发事件时，不要恐慌，应理性对待，听从学校领导和老师的指挥，避免传播未经证实的信息。

专家说

传染病的传播和流行必须具备3个环节，即传染源（能排出病原体的人或动物）、传播途径（病原体传染他人的途径）及易感人群（对该种传染病无免疫力者）。切断其中任意一个环节，即可防止该种传染病的发生和流行。目前我国的法定传染病有甲、乙、丙3类，共41种。其中甲类传染病2种，乙类传染病28种，丙类传染病11种。

当学校里发生传染病暴发事件时，经过专业研判，学校可能会发布紧急通知，包括停课、隔离措施、卫生措施、就医建议等。当学校采取了隔离措施或需要进行检疫时，学生要积极配合学校工作人员的要求，同时配合专业部门实施流行病学调查、采样监测等工作，根据专业人员对疫情研判的结果，落实疫情防控各项措施。

在个人卫生方面，学校应教育学生、家长和教职员工严格采取相应的卫生措施，防止传染病的扩散。在人多拥挤的地方或患者有呼吸道症状的情况下，佩戴口罩有助于防止病原体经呼吸道传播。在接触了公用物品、使用了洗手间或是打喷嚏、咳嗽后，避免触摸面部，特别是眼睛、鼻子和口腔，及时洗手，有助于防止病原体经接触传播。此外，尽量避免接触有传染病症状的人，如果自己或同学出现疑似传染病的症状，应该及时报告学校工作人员，以便学校及时采取措施，保护其他学生和教职员工的健康。保持冷静，不散播谣言，做好家校沟通，如果学校通知停课，积极参与在线学习。

健康术语

传染病： 是由各种病原体引起的能在人与人、动物与动物或人与动物之间相互传播的一类疾病。这些疾病可以由细菌、病毒、真菌等微生物或寄生虫引起，通过空气传播、水源传播、食物传播、接触传播、垂直传播（母婴传播）、体液传播、虫媒传播等途径传染给另一个人或物种。

（罗春燕）

二

安全规则是
我们的生命之盾

6. 为什么小学生不能骑自行车上学

关键词：小学生　自行车

《中华人民共和国道路交通安全法实施条例》规定：在道路上驾驶自行车、三轮车必须年满 12 周岁。

专家说

12 岁以下儿童思维以具体形象思维为主，尚没有足够的抽象逻辑思维能力来分析和应对复杂的道路状况，例如准确判断车辆的速度和距离、各方向来车的可能性，以至无法适时做出避让或停车的决策等。此外，小学生的注意力还在发展中，对外界的干扰更为敏感，有可能对于道路突发状况做出过度反应。儿童的身体协调性尚未发育成熟，对动作的掌控也可能有偏差，骑车上路有可能不能应对路上的变化和危险。

健康加油站

大家应共同遵守国家和地方的交通法规的要求。《中华人民共和国道路交通安全法实施条例》规定：在道路上驾驶自行车、三轮车必须年满 12 周岁。地方的交通法规也有不少相关规定需要遵守，如《北京市实施〈中华人民共和国道路交通安全法〉办法》中规定：

成年人驾驶自行车可以在固定座椅内载一名儿童，但不得载 12 岁以上的人员；未成年人驾驶自行车不得载人。《上海市非机动车管理办法》第三十一条规定：驾驶自行车、电动自行车限载 1 名 12 周岁以下的未成年人；驾驶自行车、电动自行车搭载 6 周岁以下未成年人的，使用固定座椅；16 周岁以下的未成年人驾驶自行车不得载人。

小学生的家长可以在孩子 12 岁之前帮助孩子熟悉交通法规，在非道路的安全场所陪伴孩子学会骑车，在孩子满 12 岁之后逐渐放手其单独骑行。在骑行前注意检查车辆的性能，如刹车是否灵敏、鞍座的高低是否合适，提前规划好骑行的线路。

(罗春燕)

7. 为什么学校要做到 人车分流

关键词：人车分流　校园安全　交通事故

人车分流应成为校园的安全共识。学校是一个人员密集的场所，尤其在上下学的高峰期，校园内的行人流量会显著增加，无论是从师生安全的角度，还是从交通效率的角度，学校都应实行"人车分流"，避免出现交通事故。

专家说

儿童身高较成人低，容易进入驾驶员视野盲区而不被察觉，学生活泼好动且交通安全意识较薄弱，因此校园内行车稍有不慎，极易发生交通安全事故。在学校，人车分流的核心是将师生和进出校园车辆的流动路径分开，并划分路线，合理布局上学、放学、就餐、户外活动等人员密集时的人员流动走向，从而减少学生在校园内和车辆接触的机会，使学生可以在校园内更加放心地行走或奔跑，保护学生的身体健康和生命安全。此外，人车分流可以提高交通的流畅性和效率，减少上下学高峰期的交通堵塞，使车辆能够更加顺畅地进入和离开学校周边区域。

老师和家长可以采取一些措施来支持和配合学校，以确保人车分流的顺利实施和提高交通安全性，如对学生进行交通安全教育，培养学生的交通意识和安全行为习惯。上下学时间老师可以在学校门口或交通繁忙的地方提供引导，确保学生按照指定的通行路线通行。

健康术语

人车分流： 指将行人和车辆的流动分开，通过规划和设置不同的通道、道路和区域，使行人和车辆各自有独立的通行路径。

（罗春燕）

8. 为什么学校的**消毒剂**要**专门存放**

保证学生的安全是学校的首要责任，学校的消毒剂应当专门存放，并对存放区域进行适当的标识和限制，确保只有得到授权的人员才能接触消毒剂，减少学生接触化学物质的风险。

关键词： 消毒剂 误触 误服

专家说

学校是人员密集的场所，为了减少传染病的传播风险，维护学生和教职员工的健康与安全，学校应做好定期消毒工作。学校常用的消毒剂包括酒精、含氯消毒剂、过氧化物类消毒剂等，如果不慎接触，可能引起皮肤、眼和呼吸道刺激症状，而大量误服可能导致胃肠道刺激、呼吸困难等中毒症状。因此，为了防止学生误触或误服消毒剂，学校应该将这些消毒剂专门存放并上锁，远离学生的可及范围。此外，应该在使用这些消毒剂时采取适当的安全措施，如佩戴手套、避免接触眼睛和口鼻，以及确保充分通风。

学生如果误触消毒剂，应立即用清水冲洗受到污染的皮肤区域，同时寻求专业医务人员的帮助。如果有学生误服消毒剂，应立即呼叫医护人员并拨打急救电话，描述情况，并提供有关消毒剂的详细信息，如成分、浓度和使用量，在专业人员的指导下采取现场急救措施。

健康术语

消毒剂： 指用于杀灭传播媒介上病原微生物，使其达到无害化要求的制剂。

（罗春燕）

关键词 紫外线灯　皮肤损伤　眼损伤

9. 为什么随意开启**紫外线灯**是危险的

紫外线灯是一种常见的消毒工具，可以利用紫外辐射来杀灭空气中和物体表面的细菌、病毒和其他微生物。紫外线 C（UVC）在杀灭微生物的同时也对人体健康存在潜在危害，随意开启紫外线灯可能会让人体暴露在不必要的风险中。

专家说

紫外线灯是利用紫外辐射对细菌、病毒和其他微生物进行灭活的设备。紫外线灯主要利用紫外线 C（UVC）进行消毒。UVC 具有较短的波长和高能量，能够破坏细菌、病毒和其他微生物的核酸（DNA 和 RNA），从而阻止它们的生长和繁殖。UVC 具有较高的能量，能够穿透皮肤表层，因此，如果学生暴露在开启的紫外线灯下，可能会引起皮肤损伤，如晒伤、红肿、水疱、烧伤等。眼睛对 UVC 非常敏感，如果学生直接暴露在紫外线灯下，可能会导致眼睛损伤，如引起眼睛充血、疼痛、结膜炎、角膜炎等，长时间的暴露甚至可能导致视网膜损伤。此外，部分人群皮肤对紫外线比较敏感，长时间暴露在紫外线下可能会出现皮肤过敏反应，如瘙痒、红斑、皮肤干燥等。因此，学校的紫外线灯不能随意开启。

健康加油站

紫外线灯的操作需要一些专业技巧。紫外线消毒要求准确的时间、距离和角度等，只有经过专门培训的人员才能正确操作紫外线灯，确保消毒效果的同时最大程度减少其对人体的危害。紫外线灯应由专人使用和保管，如果是固定安装的紫外线灯，要确保使用的时候室内无人，紫外线灯的开关安装位置应该高于儿童能触及的地方，开关处应上锁。

（罗春燕）

关键词：电动自行车 头盔 颅脑损伤

10. 为什么中小学生乘坐电动自行车需要戴头盔

电动自行车因为经济、便捷的特点成为了很多家长接送孩子的选择，但由电动自行车引发的交通事故数量不断攀升，而所有事故的数据显示，颅脑损伤是致死的重要原因。头盔可以吸收和分散碰撞力量，减少事故发生时头部受伤的可能性。

专家说

我国电动自行车的年产量和保有量均为世界第一，与此同时，电动自行车事故发生率也在不断攀升，该类事故造成的颅脑损伤是致残、致死的主要原因。骑行者和乘坐人员佩戴头盔可以有效减少事故导致的伤害。头盔通常由外壳和内衬组成。外壳是坚硬的材料，如塑料或碳纤维，能够分散冲击力，并提供刚性保护层。内衬通常由泡沫材料（如聚苯乙烯）制成，具有良好的吸能特性，在发生碰撞时能够吸收和分散冲击力，减轻对头部的直接冲击。头盔的设计也有助于分散冲击力。头盔通常具有凸起的外形，使冲击力分散到头盔的更大面积上，而不是集中在局部区域，这有助于降低局部压力，减少对头部的伤害。头盔可提供额外的保护空间，形成一个保护性的壳，当发生碰撞时，头盔可以防止头部直接与其他物体接触，减少头部受到的外界冲击。

健康加油站

学生和家长都应该遵守交通法规，中小学生乘坐电动自行车需要戴头盔。应正确佩戴头盔，使头盔紧密贴合头部，并使用调节带和锁扣进行固定，这样可以减少头部在碰撞时的转动和滑移，降低颈部和脑部受伤的风险。

（罗春燕）

学习基本的
急救知识与技巧

三

11. 为什么儿童青少年要认识常见的**警告标志**

关键词

安全标志 警告标志

在我们的生活环境中，有些物品或场所存在危险，如高压、易燃、易爆、剧毒、放射性、生物危害等。为了引起人们对周围环境的注意，以避免可能发生的危险，会在这些物品或场所的明显位置设置相应的警告标志。如果不认识这些标志，会有巨大的安全隐患。所以，儿童青少年要认识这些警告标志，远离危险，保护自身安全。

专家说

警告标志的基本型式是正三角形边框。常见的警告标志有当心触电、当心火灾、当心爆炸、当心中毒、当心电离辐射、当心感染等。

当心触电警告标志： 设置在有可能发生触电危险的电器设备和线路，如：配电室、开关等。

当心火灾警告标志： 设置在易发生火灾的危险场所，如可燃性物质的生产、储运、使用等地点。

当心爆炸警告标志： 设置在易发生爆炸危险的场所，如易燃易爆物质的生产、储运、使用（如存放烟花、爆竹、炸药的仓库等）或受压容器等地点。

当心中毒警告标志： 设置于剧毒品及有毒物质的生产、储运及使用场所，比如存放农药、有毒化学物等的场所。

当心电离辐射警告标志：设置在能产生电离辐射危害的作业场所，如医院的放射检查室等。

当心感染警告标志：设置在易发生感染的场所，如医院传染病区，有害生物制品的生产、储运、使用等地点。

当心触电	当心火灾	当心爆炸
当心中毒	当心电离辐射	当心感染

健康术语

安全标志：是用于表达特定安全信息的标志，主要分为四大类型：禁止标志、警告标志、指令标志、提示标志。警告标志是安全标志的一种。

禁止吸烟　禁止烟火　必须戴防尘口罩　必须戴防护手套

紧急出口　应急避难场所

（朱广荣）

关键词

海姆立克急救法

12. 为什么儿童青少年要学习海姆立克急救法

气道异物是儿童专科医院常见的危急重症之一。儿童青少年学习海姆立克急救法，可以在出现气道异物危急情况时，救治自己，帮助他人。

专家说

当发现有人疑似异物卡喉时，施救前需要进行确认：你被卡（呛）了吗？如果患者点头，即刻施救。同时尽快呼叫援助，请其他同学联系老师，并指定某人拨打 120 急救电话。

(1) 成人和 1 岁以上儿童现场施救方法

背部叩击法：让患者保持前倾姿势，有助于异物排出，避免异物顺着气道下滑。施救者用手掌根，对患者背部的两肩胛骨之间进行叩击，最多不超过 5 次。同时，鼓励患者大声咳嗽，促进异物排出。

腹部冲击法：如果背部叩击后患者症状没有缓解，马上进行腹部冲击法。施救者站在患者背后，两手臂环绕患者腰部。然后一手握拳，将拳头的拇指一侧放在患者胸廓下缘和肚脐之间的腹部位置，另一手抓住拳头，快速向后上方冲击压迫患者腹部，重复以上手法，直至异物排出。

胸部冲击法：如果不方便采用腹部冲击法，则可以采用胸部冲击法。冲击的部位与胸外心脏按压的部位相同。

(2) 自救：当发生气道异物，旁边无人帮助时，可以借助桌椅自救。首先稍稍弯下腰，握紧拳头，将拳头靠在椅背或桌边，对准肚脐上方，使劲冲击上腹部，直至异物被气流冲出。

健康术语

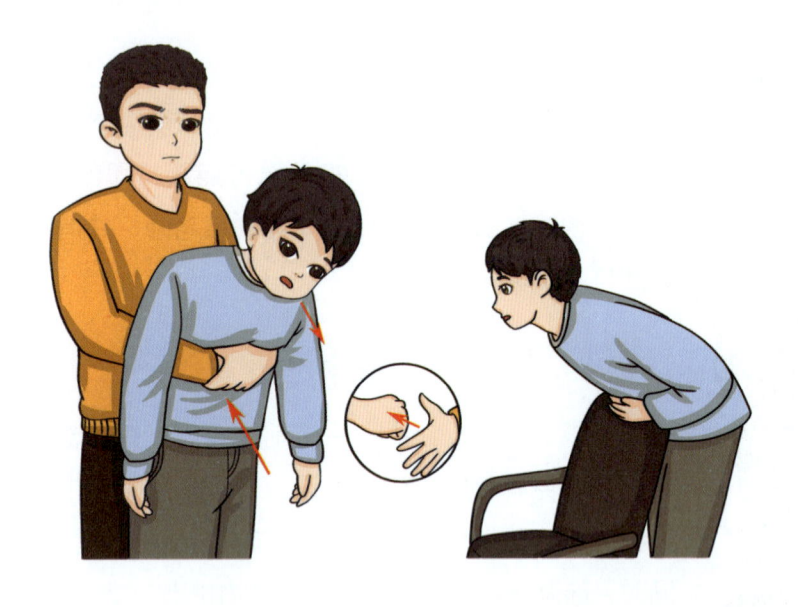

海姆立克急救法： 是由美国外科医生海姆立克经过反复研究和多次动物实验发明的一种针对气道异物的急救方法，原理是利用患者肺部的残留气体，通过外部冲压形成气流，推出气道异物，帮助患者恢复呼吸。

（朱广荣）

13. 为什么儿童青少年要学习 心肺复苏

心肺复苏（cardiopulmonary resuscitation，CPR）是合并使用胸外按压及人工呼吸，针对呼吸及心跳停止患者进行急救的一种技术。近些年，心脑血管急症在院外多发，其导致的死亡人数占总死亡人数的 88%，因此，院前急救的社会期望越来越高。儿童青少年应该掌握 CPR 技术，关键时刻可以挽救生命。

专家说

一般认为，心源性猝死的抢救黄金时间是 4 分钟。120 急救中心从接到呼救到救护车出发，规定时间是 3 分钟以内，服务半径是 5km，但对到达现场的时间没有明确的规定。受地理位置、交通状况等因素的影响，一般救护车会在接到电话后 15 分钟左右到达病患现场。在救护车到达之前的这段时间内，现场的"第一目击者"如果能够立刻给予有效的抢救，可以明显降低患者的伤残率及死亡率。

需要注意，不建议没有经过正规培训的学生进行心肺复苏。未经过正规心肺复苏培训的学生在学校遇到有人突然晕倒，应该迅速上前查看，判断患者是否存在呼吸和心脏骤停，如果是，要迅速呼救，联系学校老师和校医。同时要注意维护现场安全。如果一时联系不到老师，则要尽快拨打 120 急救电话，并以最快速度寻找到最近的自动体外除颤器（AED），按照 AED 的操作提示施救。

（朱广荣）

关键词：心肺复苏 步骤

14. 为什么说**自动体外除颤器**是救命神器

关键词 自动体外除颤器

自动体外除颤器（automated external defibrillator，AED）是一种能够自动识别异常心律，及时消除心室颤动，让心脏的窦房结重新开始工作，继而使得心跳恢复的急救设备，对于心搏骤停患者的抢救成功率远高于徒手进行心肺复苏。AED体积小、重量轻、便于携带、使用安全、操作简单且内置语音提示，非专业人员也可以使用，被誉为"救命神器"。

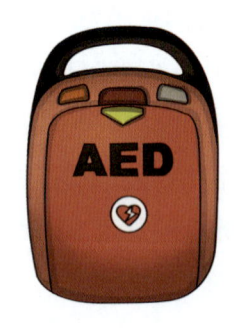

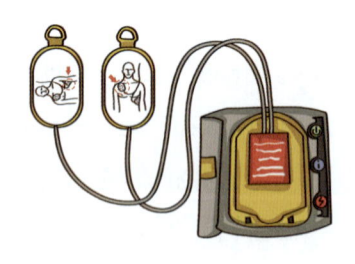

专家说

AED自带电池，打开之后就会有语音提示，没有经过培训的学生，只要按照语音提示进行操作，也可以施救。具体操作方法简述如下。

第一步，按下AED电源键，然后把患者胸前的衣服解开，用干布擦去患者胸部的汗水。

第二步，贴电极片。仪器语音提示"将电极片贴到患者的皮肤上"，施救者可以看到AED电极片粘贴图上显示；一张贴于患者右胸上部，另一张贴于患者左侧腋窝下。施救者去除电极片上的贴膜，将两张电极片分别贴于电极片图示的指定位置。

第三步，连接导线。电极片贴好后，仪器语音提示"将电极片的插头插到闪灯旁的插孔内"，施救者按照语音提示操作，连接导线插头。

第四步，心律分析。仪器语音提示"不要接触病人，正在分析心律"，施救者这时要确保没有任何人接触患者的身体。AED会自动分析患者的心律，判断是否需要除颤。如果分析结果是不需要除颤，则提示继续做心肺复苏。2分钟后，AED再次分析心律，根据语音操作即可。

第五步，电击除颤。如果AED心律分析结果是需要除颤，AED会开始自动充电，自动充电完毕，"SHOCK（电击）"键（红色按钮）会连续闪烁，同时听到语音提示"可电击心律，请电击"。这时施救者要再次确认没有任何人触碰患者，按下"SHOCK"键，然后等待电击完成。

现在有一些AED是全自动AED，只需两步操作：第一步，按下AED电源开关键；第二步，按语音提示贴好电极片。AED便自动分析、自动充电、自动放电，救治患者。

提示：尽管AED操作简单，但是儿童青少年如果在学校遇到突发情况，还是要尽快联系老师和校医，协助老师完成急救。

（朱广荣）

15. 为什么儿童青少年要学习**外伤出血**的**紧急处置**技能

关键词

外伤出血 紧急处置

生活中经常会遇到一些外伤出血的情况，如不能及时正确处理，会严重威胁患者的健康，乃至生命。因此，儿童青少年需要学习和掌握一些常用的外伤出血的紧急处置技能，一旦遇到紧急情况，可以救治自己，还可以帮助他人。

专家说

外伤出血的情况比较复杂，按照血管的种类，可以分为动脉出血、静脉出血和毛细血管出血三种。根据人体血液循环的原理，不同类型的血管出血有不同的特点。动脉血管中的血液受到心脏提供的动力推动，一旦出血，血流速度快，颜色鲜红，出血量大，危险性大。静脉血管没有被施加动力，只是有一些特殊结构来助力血液回流到心脏，出血时速度慢，出血量中等。毛细血管是连接于微动脉和微静脉之间相互交织呈网状的微细血管，非常细小，最小的仅能使一个红细胞通过，因此，即便出血也是一点点地渗出，危险性小。

血液是维持生命的重要物质，机体短时间内大量出血会引起严重的并发症甚至直接危及生命。所以，当发现有出血时，及时止血十分重要。最为常用的止血方法是指压法止血和加压包扎法止血。应根据出血血管的类型采用适合的止血方法。

(1)指压法止血：是针对动脉出血最迅速的一种临时止血法，一般适用于头面部和四肢部位。

方法：首先找到伤口近心端动脉的位置，然后用手指、手掌或拳头向骨骼方向加压，以阻断动脉血运，达到临时止血的目的。但需要注意，压迫力度要适中，以伤口不出血为宜。压迫时间不宜过长，一般为10~15分钟。有条件者同时抬高伤处肢体高过心脏。如果是鼻出血，也可以用拇指、食指压迫鼻唇沟与鼻翼相交的端点处来止血。

(2)加压包扎法止血：适用于小血管出血，伤口表浅，出血量少的情况。对于体表及四肢的小动脉、中小静脉出血，可以采用加压包扎法止血。

方法：加压包扎法止血是在包扎的基础上施加压力，起到更好的止血作用。首先用干净的纱布、敷料（一叠纱布）覆盖伤口，覆盖面积超过伤口周边至少3cm，之后用手或绷带、三角巾、网套在包扎伤口的纱布上施加一定压力，同时抬高出血部位肢体，可提升止血效果。但需要注意，包扎后要注意检查肢体的血运情况，如果感觉麻木或肢端颜色不正常，要随时松解，避免肢体长时间缺血造成坏死等不良后果。

（朱广荣）

第六章

和谐校园——
对暴力和欺凌说"不"

一

校园暴力和欺凌对受害者和施害者的双重不良影响

1. "校园暴力"和"学生欺凌"是一个意思吗

随着时代的发展，社会对校园安全问题越来越关注，其中"校园暴力"和"学生欺凌"是两个常见问题，它们虽然存在一些相似之处，但在本质上是有区别的，不可轻易地混为一谈。

专家说

"校园暴力"是指发生在中小学、幼儿园及其周边区域，学生、教师或校外侵入人员故意攻击师生人身以及学校和师生财产，破坏学校教学管理秩序的行为。而"学生欺凌"是指发生在学生之间，一方蓄意或者恶意通过肢体、语言及网络等手段实施欺压、侮辱，造成另一方人身伤害、财产损失或者精神损害的行为。

从定义上可以看出，校园暴力涉及的对象更广，不仅仅包括学生，还包括教师或者校外人员，而学生欺凌仅仅涉及学生群体。并且，校园暴力通常是突发性的，性质较为严重，而学生欺凌则往往是重复发生的、有持续性的，不是单一的偶发事件。此外，校园暴力强调更多的是对身体、生命直接造成伤害的行为，学生欺凌则包含更多的类型，除了常见的对身体、生命造成直接伤害的行为，还包括侮辱人格、侵犯财产、

> 关键词
> 校园暴力 学生欺凌

恶意排斥以及网络诽谤或传播隐私等。两者虽在概念上存在部分重合，但仍是两个不同的概念，在使用上要注意区分，避免混用、误用的情况。

健康加油站

很多时候，学生间的一些矛盾往往被大人主观地认为是嬉戏打闹或者开玩笑，这种主观上的错误认识可能会导致学生的遭遇不被重视，欺凌者变本加厉，造成无法挽回的严重后果。一种行为是否属于学生欺凌，主要看以下三个方面。

（1）主体上的特定性，即发生在学生之间。

（2）主观上的故意性，即蓄意或恶意欺负其他学生，这一点可以和嬉闹或玩笑区别开来，后者是无意的，没有明确的欺负意图。

（3）后果上的伤害性，即对受欺凌者造成了伤害后果，包括身体、心理等多个方面。

值得注意的是，哪怕只是无意的玩笑，只要让别人感到不舒服，那就是不对的行为，需要及时制止。切不可让欺凌披上玩笑的外衣，在校园里肆意妄为。

（宋然然）

2. 如何**发现**儿童青少年遭受了**学生欺凌**

遭受学生欺凌之后，很多受欺凌者往往会保持沉默，不愿告诉家长或老师，旁观的同伴也会出于害怕受报复等原因而不向老师报告。因此，老师和家长要敏锐地把握儿童青少年出现的一些异常情况，及时识别学生欺凌的发生，并做出相应的处理。

专家说

首先，要了解哪些儿童青少年容易受到欺凌。家庭情况特殊、超重肥胖、被家长打骂、吸烟、网络成瘾以及有抑郁症状的学生往往容易遭受学生欺凌。在日常生活中家长和老师要对这类儿童青少年给予高度关注，避免学生欺凌事件的发生。其次，如果出现以下迹象，家长和老师要高度警惕儿童青少年是否受到了欺凌。

（1）衣服、书籍以及其他个人物品被弄坏、撕裂或丢失。

（2）身上有瘀伤、割伤、擦伤等伤痕而又解释不清楚。

（3）以种种借口表示不愿意去上学。

（4）选择不合逻辑的较远的路线上学，甚至请求家长送他们上学。

关键词 学生欺凌 识别

（5）抱怨身体不舒服，如头痛、腹痛、恶心、胃口不好（尤其在早上明显）。

（6）向家长索要超出正常范围的零花钱（可能将这些钱送给欺凌者）。

（7）放学回来，看上去忧伤、失落、焦虑、害怕。

（8）难与他人相处，好争辩（常常说"每个人都捉弄我"）。

（9）突然产生情绪变化，易激惹，有时突然发火，有时攻击与欺凌他人。

（10）出现睡眠和饮食问题，经常做噩梦，食欲下降。

（11）出现学业问题，学习成绩或学业表现突然下降。

（12）出现抑郁症状，时常讨论自杀问题，甚至试图自杀。

（13）不愿参加课外活动。

（14）出现尿床现象。

值得注意的是，出现以上这些症状也可能是由于其他方面的原因，比如，家庭发生了变化（父母离婚、分居，家里又添妹妹或弟弟等），学校出现了其他令儿童青少年感到忧虑和烦恼的事情（如受到老师批评、考试成绩不好等），因此，各位家长和老师不要急于得出结论，可以向有关同学了解情况，或通过和本人沟通来了解其目前的感受，弄清其真正面临的问题，再做出相应处理。

健康云课堂

如何识别、应对欺凌

（宋然然　马迎华）

关键词：网络欺凌　识别

3. 如何**发现**儿童青少年遭受了**网络欺凌**

随着互联网的快速发展，虚拟网络世界逐渐成为欺凌行为肆虐的另一个空间。在虚拟网络世界发生的欺凌行为，可以避开监护人、执法人员以及社会人士的视线，难以受到法律的约束。《第5次全国未成年人互联网使用情况调查报告》显示，2022年我国未成年人互联网普及率为97.2%。互联网的普及增加了未成年人网络欺凌受害的风险。有调查显示，中国中学生网络欺凌受害的发生率在18.40%~56.88%之间。因此，早期识别儿童青少年遭受网络欺凌的迹象对于其健康成长至关重要。

专家说

儿童青少年受到网络欺凌时，通常会感到害怕、担心和不知所措，可能会因为所发生的事情而感到尴尬、愤怒、困惑，甚至感到身体不适。因此，如果儿童青少年在日常生活中经常使用网络并且近期出现以下症状，则表明其可能正在遭受网络欺凌：退出网络活动；收到短信或网络通知时非常紧张或神经质；隐藏全部的电话和个人信息；避免社交行为；学习成绩下降；突然产生行为、情绪变化；出现睡眠和饮食问题。

当儿童青少年处于阴霾之下时，家长和老师的及时发现、正确认识和帮助指导，是守护其健康成长的重要防线。那么，当儿童青少年倾诉遭受网络欺凌时，家长和老师应该如何应对呢？

（1）与其进行沟通，了解其遭遇，让其知道网络欺凌是错误的。此外，不要忘记给予安慰和鼓励，此时家长和老师的支持和理解对他们来说是非常重要的。

（2）帮助其收集证据，可以将发生的事情截图下来，或者保留其收到的信息，以备后续使用。

（3）告诉其不要回复，很多时候欺凌者的恶意攻击都是为了得到受欺凌者的回复，并以此为乐。

（4）联系平台，对恶意信息进行处理；如果情况严重，及时联系心理救助，必要的时候联系警方，诉诸法律，并向相关部门举报。

（5）过程中注意保护儿童青少年的隐私。

健康术语

网络欺凌： 是指利用数字技术进行的欺凌行为，即通过社交媒体、即时通信平台、游戏平台和手机等，以恐吓、激怒或羞辱他人为目的的重复行为。网络欺凌的表现形式包括发布伤害性言论、图片或视频，散播谣言，威胁他人以及性骚扰等。

（宋然然）

关键词 学生欺凌 危害 应对

4. 为什么要预防学生欺凌

学生欺凌带来的伤害是巨大的，严重阻碍了儿童青少年的健康成长，不仅会对其造成身体上的伤害，还会给其心理带来不可磨灭的创伤。因此，预防学生欺凌的发生非常必要。

专家说

《中国校园欺凌调查报告》（2017年）显示，多达25.8%的中小学生表示曾经在学校受到过欺凌。由此可以看出，我国中小学学生欺凌形势十分严峻，亟待相关部门牵头解决。

学生欺凌给受欺凌者带来的伤害主要有以下几个方面。

（1）学业方面：儿童青少年在遭受欺凌伤害之后，会长期生活在被欺凌的恐惧之中，产生非常严重的心理阴影，导致他们根本没有心思努力学习，

一 校园暴力和欺凌对受害者和施害者的双重不良影响

对学业失去信心，逃避上学，精神萎靡不振，学习成绩严重下滑。

（2）健康方面：儿童青少年处于身心发育的关键时期，如果遭受欺凌和暴力，会变得胆怯、情绪低落，出现沮丧、焦虑等情绪，甚至会出现自残、自伤等伤害行为或形成孤僻、偏激的反社会人格，最终走上犯罪道路。

（3）社会适应方面：现代社会对于健康的定义不仅包括身体和心理健康，还包括良好的社会适应能力。学生欺凌在一定程度上容易导致儿童青少年的社会适应能力出现问题。受欺凌者往往在学校里被排除在团体之外，再加上自卑、胆怯，他们的人际交往会存在一定的障碍，使同学之间变得陌生。他们在与同龄人的社会交往中被忽视，得不到认可或接纳，会导致其在群体中没有存在感或者归属感，从而使其出现社会适应不良。有关研究显示，欺凌对儿童青少年的影响甚至会持续到成年，在健康状况、生活水平、职业成就等诸多方面对其产生负面影响。

学生欺凌已经成为一个不能回避的社会问题，需要相关部门牵头，社会 - 学校 - 家庭多方配合，共同为儿童青少年营造一个健康和谐的成长环境。

健康术语

关键词

学生欺凌　欺凌实施者　及时干预

身体欺凌： 是指肢体上的暴力，如拳打脚踢、扇耳光、撕扯衣物等。这些欺凌行为可能发生在课间休息，在操场或者较为隐蔽的地方。身体欺凌是最容易辨识的一种欺凌。

言语欺凌： 是指用言语对他人进行嘲笑、谩骂、诋毁，起侮辱性绰号等行为。言语欺凌造成的伤害比外表的伤痕更为严重和可怕，也更不容易被察觉。

财产欺凌： 是指故意损坏、抢夺他人财物，或者通过经济手段对他人进行威胁或排斥。

社交欺凌： 主要发生在社交环境中，是指故意离间破坏同学之间的关系，如散播谣言、暴露他人隐私、损毁他人形象、孤立排挤他人等。

（宋然然）

5. 为什么要对**欺凌**的**实施者**进行及时**干预**

受到欺凌事件伤害或消极影响的其实不只是受欺凌者，欺凌实施者在给对方带来伤害的同时，自身也会遭受多方面的消极影响。

专家说

在学生欺凌事件中，欺凌实施者也会受到多方面的影响，如果不加以干预，这种影响可能会延续到成年之后，甚至对下一代产生不良影响，具体通常表现为以下几个方面。

（1）情绪问题：大多数欺凌实施者存在情绪问题，他们往往冲动性高、情绪化、缺乏自我控制能力并且自尊水平较低，易出现焦虑和抑郁。他们企图通过欺凌在同学中树立威严来掩盖内心的自卑与敏感。然而，经常地欺凌他人会使这些气质特点长期稳固地出现在他们身上，最终形成反社会人格和攻击性人格。

（2）不良同伴关系：由于存在欺凌行为，大多数同学不愿或害怕与欺凌实施者相处，导致他们在同伴群体中受到排斥，从而造成同伴关系紧张，并且这种不良的同伴关系也会加重他们的心理问题。另一方面，同伴的排斥与拒绝会使欺凌实施者集合在一起结成不良同伴团伙，进一步增加其反社会行为发生的可能性。

（3）师生关系紧张：欺凌实施者的学业成绩以及学业能力通常较低，并且，欺凌实施者在学校经常有一些违规行为，经常与老师发生冲突。老师经常对他们责备、批评或约束，致使师生关系越来越疏远和紧张。

（4）成年后不良影响：如果不对欺凌实施者的欺凌行为进行适时干预，那么他们的行为可能会持续到成年。欺凌实施者在成年以后比一般人更容易实施犯罪行为，并且，欺凌所产生的危害还可能影响下一代。欺凌实施者在成年后更可能在家庭生活中出现暴力行为，他们的子女在不良的家庭环境中成长，并且通过学习观察他们的行为，在学校中也会采取欺凌或攻击的方式来解决问题，形成恶性循环。

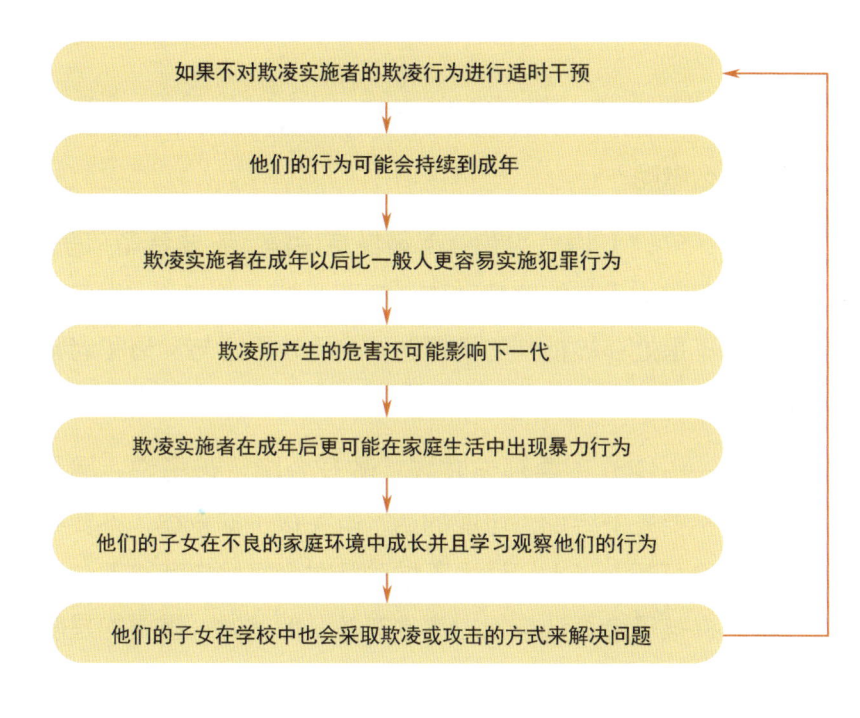

```
如果不对欺凌实施者的欺凌行为进行适时干预
          ↓
他们的行为可能会持续到成年
          ↓
欺凌实施者在成年以后比一般人更容易实施犯罪行为
          ↓
欺凌所产生的危害还可能影响下一代
          ↓
欺凌实施者在成年后更可能在家庭生活中出现暴力行为
          ↓
他们的子女在不良的家庭环境中成长并且学习观察他们的行为
          ↓
他们的子女在学校中也会采取欺凌或攻击的方式来解决问题
```

（宋然然）

关键词：欺凌实施者　沟通　教育

6. 如何对**欺凌**的**实施者**进行**教育**

通常人们在对待学生欺凌事件时，考虑到受欺凌者处于弱势地位，往往更多地去帮助他们，而对于欺凌实施者只有谴责和惩罚。殊不知，单纯的谴责和惩罚可能会将欺凌实施者的心理推入更加阴暗的角落，良好的沟通和教育才能帮助他们改正错误的行为。

专家说

老师和家长在面对存在欺凌行为的孩子时应该怎么做呢？

（1）**语气平和**：尽量保持冷静，不要责备孩子。平和的语气能够帮助孩子卸下心防。当孩子认为自己不是处在被批判的情境时，会比较愿意与父母和老师分享自己的心里话。

（2）**不要预设立场**：敞开心胸听孩子说，尽量不要先下结论。可能的话，听完孩子的叙述，不要中途打断。当人们认为不被聆听时会开始自我防卫，也许孩子会否认与暴力事件有关，但此时，重要的是听他的说法，之后还可以从其他当事人那里得到其他信息。

（3）**帮助孩子正确认识欺凌行为**：有一些儿童青少年对欺凌行为以及欺凌行为给他人造成的伤害没有明确的认识。他们喜欢给别人取难听的外号，或者嘲笑别人的衣着、口音。他们的本意只是想拿别人寻开心，找乐子，并没有想到欺凌行为会给别人的身心带来伤害。对于这些儿童青少年，家长和老师应该明确告诉他们这是一种不好的行为，让他们明白什么样的行为是欺凌行为以及欺凌行为的危害。

（4）**平常心看待孩子犯错**：错误是成长的一部分，每个人都会犯错。家长和老师要以平和的态度对待孩子的错误，避免过度指责或批评，以免孩子感到沮丧和自卑。同时，家长和老师还应向孩子传达理解和支持，让他们知道犯错误在所难免，重要的是面对错误，承担责任并且改正错误。儿童青少年有错误的行为时，需要有家长和老师的指导来帮助他们了解自己在这事件中的责任，从而及时改正错误行为。

（宋然然）

二

通过有效沟通
解决冲突

7. 遭受同学欺凌时，可以"**打回去**"吗

在校园中遭遇欺凌时，不提倡"打回去"，建议采取非暴力的方式来应对。但是，当面对威胁到自身人身安全的欺凌行为时，受欺凌者有权利进行正当防卫，但应在正当防卫的范围内行动。

专家说

面对学生欺凌时，首先应当坚定地说"不"，明确表达反对欺凌的态度，并告知欺凌者这种行为是不正确的。避免使用暴力对抗暴力，因为这可能导致冲突升级，造成更多伤害或招致报复，还可能导致受欺凌者受到学校纪律处分。应尽量通过和解、沟通和谈判等非暴力方式解决问题，避免采取可能加剧状况的行为。如果遭遇欺凌，大声呼救，寻求周围人的援助，同时保持冷静，记住欺凌的详细信息（包括时间、地点、参与者和目击者等），这对后续处理至关重要。

然而，当欺凌行为威胁到人身安全时，如身体攻击、推搡、抢劫或使用武器等，受欺凌者有权进行正当防卫。在这种情况下，使用必要的力量来保护自己并阻止进一步伤害是合理的，但应在正当防卫的范围内行动。

关键词　学生欺凌　自我防卫　应对策略

健康加油站

对于儿童青少年而言，在遭遇学生欺凌后，寻求支持是至关重要的。儿童青少年应该及时向信任的人寻求帮助，如家长、老师、朋友或心理咨询师等，分享自己的遭遇并寻求帮助。而不应该把问题藏在心里独自承受，这样会加重自己的压力，影响自己的情绪，甚至造成心理创伤。需要知道的是，学生遭遇同伴欺凌后感到害怕或生气是正常的反应，要理解并接受这些情绪。必要时，应寻求专业心理咨询师的帮助，以处理情感创伤并逐步恢复心理健康。

对家长和老师而言，关键在于认真倾听孩子的诉说，并为他们提供一个安全的表达空间。家长和老师应引导孩子讲述经历，注意倾听孩子的全部表达，即语调，包括手势、眼神交流在内的肢体语言，以及孩子的整体行为。了解孩子遇到的问题，肯定他们正确的应对方式，表明支持，向孩子说明每个人都有保护自身安全的权利，并帮助他们理解遭遇欺凌不是他们的过错。除此之外，家长应积极与学校沟通，共同探讨解决欺凌问题的方案，并向孩子传达即将采取的行动。同时，也要密切关注孩子的行为和心理健康，必要时寻求专业人士的协助。

（宋然然）

8. 目睹了**学生欺凌**，该如何**应对**

关键词：旁观者干预 心理复原力

对于儿童青少年而言，当目击学生欺凌时，首要的任务是确保自身安全，随后应迅速向老师、家长或学校安保人员汇报情况。儿童青少年作为旁观者目睹这类事件后可能会出现各种情绪反应，因此，认识并调节自身的情绪也是非常重要的。

专家说

儿童青少年在目睹学生欺凌时，作为旁观者，可以采取多种积极措施来应对。在确保自身安全的前提下，直接干预是有效的手段。这包括勇敢地对欺凌者说"停止"，或者帮助受欺凌者摆脱危险环境。然而，需要注意的是，在涉及身体暴力的情况下，直接干预可能并不可行。此时，向成年人求助至关重要，应立即通知老师、家长或学校安全人员，以便他们及时介入。

除了直接干预，向受欺凌者提供支持也极为重要。在欺凌事件发生后，给予受欺凌者关心和安慰，可以帮助他们从心理创伤中恢复。这种支持可以是简单地询问"你还好吗？"或者是主动倾听他们的感受。在情况较为严重时，如受欺凌者遭受长期或重复欺凌、身体暴力，或表现出严重的情绪或心理问题时，鼓励他们寻求心理咨询甚至法律援助是非常必要的。专业支持可以更有效地帮助他们从困境中恢复，并妥善应对可能出现的情绪、心理和法律问题。

此外，报告欺凌行为是旁观者的责任。许多学校实施了反欺凌政策，旁观者可以向学校管理层报告欺凌事件，由学校对欺凌者进行教育，使其认识到自己的错误。这不仅有助于解决当前的问题，还能防止未来欺凌行为的发生。

关键词：校园威胁 恐吓识别 预防教育

健康术语

心理复原力： 美国心理学会将其定义为个体面对逆境、创伤、悲剧、威胁或其他重大压力时的良好适应过程，即应对困境的恢复能力。依据其内涵主要可以分为结果性、能力性和过程性三类。

（宋然然）

9. 面对欺凌者的**恐吓威胁**，该如何**应对**

在遭遇欺凌者的恐吓威胁时，关键是保持冷静，并采取明智的应对措施，包括尽可能地沟通，同时收集相关证据，以便通过法律途径寻求解决方法。此外，学校在预防学生欺凌方面扮演着重要角色，应通过加强教育和提升意识来防止此类事件的发生。

专家说

在校园中，威胁和恐吓的形式多样，可能包括身体暴力、言语侮辱、网络欺凌，甚至是情感操控。学生们需要培养识别这些威胁迹象的能力，比如持续的言语攻击、社交排斥或网络上的骚扰等。关键在于留意欺凌者的语言和行为模式，同时注意这些行为对自己情绪的影响。长期受到恐吓和威胁可能导致焦虑、抑郁和自我怀疑等负面心理反应，影响个体的心理健康。

在面对恐吓时，保持冷静至关重要。可以通过深呼吸、正念等方法来管理情绪。与欺凌者的沟通应尽量简短而直接，避免激烈对抗，同时清晰地表达自己的立场。若遭遇身体威胁，应立即向警方求助或寻求周围人的帮助。在持续的威胁环境中，应尽可能收集证据，并通过法律途径解决问题。紧急情况下，应迅速考虑逃生路线并尽快联系父母和老师。

健康加油站

经历恐吓和威胁后的心理恢复同样重要。学校应提供心理咨询和治疗支持，帮助学生处理这些经历可能带来的心理创伤，并帮助他们重建正常的学习和社交生活。此外，学校和社区应加强预防教育和意识提升，例如举办相关讲座和培训，帮助学生识别和预防学生欺凌。同时，增加学生对相关法律和社会资源，如校园规则、咨询服务和紧急求助热线的了解和利用，这些求助途径对于受欺凌者来说至关重要。

（宋然然）

10. 如何通过**沟通**来解决可能存在的问题

关键词

沟通技巧 "我"语句 自我肯定训练

受欺凌者与欺凌者沟通时，要选择一个安全的环境。沟通时应保持冷静，建议使用第一人称的"我"语句来表达个人感受和需求，避免使用指责性语言。这种方法更有助于促进理解和寻找解决问题的方法。

专家说

在与欺凌者沟通之前要明确目标：是要对方停止欺凌行为，还是了解欺凌者的动机，抑或是两者兼顾。调整自己的心态，确保情绪稳定并保持理性。选择一个安全且私密的场所进行对话，避免在公共场合或在有他人在场的情况下，确保双方都有充足的时间来进行深入交流。表达时，使用"我"语句来描述自己的感受和需求，如"当……时我感到不舒服"避免使用"你总是……"或"你从不……"之类的指责性语言，这可能导致对方产生防御心理，从而阻碍有效沟通。同时，与欺凌者沟通时，要清楚、坦诚地表达出欺凌行为对自身的情感和日常生活造成的影响。直接分享自身的感受，让对方了解他们行为的具体后果和对自身造成的伤害。给予欺凌者机会表达他们的看法，即使不同意他们的观点，也应保持尊重，听取他们的发言。提出可能的解决方案，共同寻找双方都能接受的解决方法。即使在情绪激动时，也应努力冷静下来，保持尊重和礼貌，避免诉诸辱骂或威胁。如果对话变得紧张，或对方开始表现出敌意，及时停止对话。在无法通过直接对话解决问题，或者情况有所恶化的情况下，应及时寻求外部帮助，例如向老师、学校管理人员或专业顾问求助。

在整个过程中，受欺凌者应记住，沟通可能不会立即解决所有问题，但它是向解决问题迈出的重要一步。如果情况没有得到改善，或感到自身安全受到威胁，应立刻寻求专业帮助。

健康加油站

受欺凌者可以通过自我肯定训练来增强自信心和自尊心。为此，可以列出一系列正面的自我肯定语句，比如"我有价值"或"我有权得到尊重"等。在日常生活中反复练习这些语句，特别是在感到沮丧或焦虑时。同时，通过写日记的方式记录个人成就、优点和积极的体验，这有助于受欺凌者认识到自己的价值，并在面对消极情绪时获得支持。此外，受欺凌者还可以通过视觉化技巧练习，在心里预演在各种情境下取得成功的情景，包括有效地与欺凌者沟通的场景等，以及采用冥想和深呼吸等方式来缓解自身紧张、焦虑等情绪。

通过模拟与欺凌者的对话，可以练习解决冲突的技巧。在和同伴进行角色扮演演练后，可以根据他们的反馈来调整沟通策略。此外，还可以模拟各种欺凌场景，以更好地应对不同的欺凌情况，例如言语欺凌或网络欺凌。

（宋然然）

三

共同构建
理解和支持性的
校园环境

11. 为什么面对校园暴力和欺凌时不应该做冷漠的旁观者

关键词： 校园暴力　欺凌　旁观者

在校园暴力和欺凌发生时，除了事件双方外，出现在校园暴力和欺凌现场的旁观者的态度和行为也对事件的发展趋势起着至关重要的作用。积极的旁观者可阻止欺凌事件发生发展或为被欺凌者提供帮助；相反，有的旁观者为冷漠的旁观者，可能促使欺凌事件进一步恶化。因此，面对校园暴力和欺凌时，不应该做冷漠的旁观者。

专家说

校园暴力或欺凌发生时，有的旁观者（称为协同者）可能协同参与欺凌行为，加强了欺凌者的力量，使单一的个人行为转变为共同参与的群体行为，改变了欺凌事件发生的性质，后果更加严重；有的旁观者（称为煽动者）通过鼓动性的言语或者行动使欺凌者觉得自己的行为是被他人赞同或支持的，从而强化了其欺凌行为；还有的旁观者（称为局外人）冷眼旁观整个欺凌行为发生、发展的过程，消极观望，任由欺凌事态发生发展，这也会使欺凌者认为旁观者默许欺凌行为，旁观者不自觉地成为欺凌者的帮凶，导致欺凌行为更加严重，发生更加频繁。目睹欺凌行为发生，对于旁观者而言也是一种压力源，会给其自身带来一系列心理问题和不良行为，如焦虑、抑郁、社交恐惧等；旁观者因为害怕受到报复沦为下一个被欺凌者而选择置身事外，这会使他们逐渐变得懦弱、自责、内疚、焦虑、恐惧、缺乏安全感，逐渐丧失责任感等，甚至可能模仿欺凌者，成为欺凌他人者，严重影响儿童青少年身心健康。

健康加油站

为让更多的人参与欺凌防控工作，减少冷漠的旁观者，学校可以在学生中开展角色扮演、案例分析、观看视频等多种形式的反欺凌教育，提高旁观者的共情能力和自我效能感；通过主题班会、讲座等，提高学生群体对欺凌危害的正确认识，增强学生的责任感，使学生在欺凌发生时能够积极主动介入欺凌等问题的处理，防止欺凌事件的进一步恶化；通过生活技能教育，提高学生解决问题的能力，建立良好的人际关系，形成健康的校园人际关系。同时对教师员工开展欺凌防控的培训，提高教师员工应对欺凌事件的能力，建立健康的师生关系，形成安全的校园环境，使老师真正成为学生的坚强后盾，也可消除围观学生的顾虑，让他们不做冷漠的旁观者。

（星 一）

12. 什么样的学校活动能**促进**同学之间的**理解和尊重**

关键词：生活技能 理解 尊重

学校活动可以培养儿童青少年生活技能，促进儿童青少年理解和尊重他人的能力，培养他们良好的沟通和解决问题的能力，从而有效地预防校园暴力和欺凌事件的发生。

专家说

学校可以通过社会实践、志愿活动、演讲比赛、主题班会、制定校规班规和开展生活技能教育等多种方式促进儿童青少年理解和尊重他人的能力。

（1）学校可以召开"拒绝校园暴力、从我做起"等主题班会，举办沙龙讨论、演讲比赛和辩论赛等活动，帮助学生明辨是非，正确认识校园暴力和欺凌的危害，学会站在对方的角度考虑问题，理解和尊重他人，正确处理人际关系。

（2）学校可以组织社会实践、文体活动、志愿活动等，在活动中培养学生与他人交往合作的能力，使学生学会理解和尊重他人。

（3）班主任可以组织学生制订和完善班规，在班规中增加与学生欺凌相关的条文，发动学生讨论制订班级"反欺凌公约"，共同建设"无欺凌班级"；当学

三 共同构建理解和支持性的校园环境

生将问题告知班主任时，班主任要做到善意倾听、勇于担当、妥善解决。

（4）学校可以开展生活技能教育。生活技能教育可以有效地预防校园暴力和欺凌事件的发生，良好的生活技能可以使个人有效地处理日常生活中的各种问题和挑战，保持良好的心理状态，在与他人、社会和环境的交互作用中表现出弹性适应能力和积极行为的能力。

生活技能： 指个体采取适应和积极的行为，有效处理日常生活中各种需要和挑战的能力，共包括5对10种能力，即自我认识（意识）能力-同理能力，有效的交流能力-人际关系能力，调节情绪能力-缓解压力能力，创造性思维能力-批判性思维能力，决策能力-解决问题能力。

人际关系能力： 指以积极的方式与他人交往，建立和保持友好的关系，与家人朋友相互沟通；在必要时采用恰当的、使自己和别人都不受到严重伤害的方式，巧妙地断绝与他人的关系的能力。

理解和尊重他人： 能够设身处地地站在他人的立场上考虑问题，理解和接受他人的观点，关心、帮助和宽容他人，有效地解决人际矛盾，是预防校园暴力和欺凌发生的重要措施。

（星 一）

13. 学校如何对校园暴力和欺凌说"不"

学校是学生学习生活的重要场所，学校应建立校园暴力和欺凌治理工作小组，制定校园暴力和欺凌防控专项制度以及学生行为准则，开展监测评估，理顺报告程序，完善惩戒措施，对师生员工开展知识技能培训，对校园暴力说"不"，对学生欺凌"零容忍"。

关键词：校园暴力 校园欺凌 零容忍

专家说

学校可以从以下几个方面入手，做到对校园暴力和欺凌说"不"。

（1）学校应建立学生校园暴力和欺凌防控等专项制度，建立健全教职工与学生交往行为准则、学生宿舍安全管理规定、视频监控管理规定等制度，建立对学生欺凌的零容忍处理机制和受伤害学生的关爱、帮扶机制；成立学生校园暴力和欺凌防控组织，负责学生校园暴力和欺凌行为的预防和宣传教育、组织认定、矫治实施、援助提供等；每所中小学校应至少设立1名法治副校长，在学校及时发现和制止校园暴力和欺凌行为，发现校园暴力和欺凌的隐患，防患于未然。

（2）学校应建立校园暴力和欺凌监测制度，定期针对全体学生开展防治欺凌专项调查，对学校是否存在校园暴力和欺凌等情况进行评估，掌握校园暴力和欺凌发生状况，确定重点人群，及时发现问题线索。

（3）学校应当加强对师生员工进行校园暴力和欺凌防控知识、技能培训，使师生员工正确认识校园暴力和欺凌，掌握及时发现和制止校园暴力和欺凌等事件的方法和技巧，掌握班级管理技巧，学会保护自身和他人合法权益；对学生开展相应的专题教育，引导学生建立平等、友善、互助的同学关系。

（4）学校接到关于校园暴力和欺凌的报告后，应当立即开展调查，认为可能构成欺凌的事件，应当及时提交学生欺凌治理组织认定和处置，并通知相关学生的家长参与欺凌行为的认定和处理。认定构成欺凌的事件，应当对实施或者参与欺凌行为的学生做出教育惩戒或者纪律处分，并对其家长提出加强管教的要求，必要时，可以由法治副校长、辅导员对学生及其家长进行训导、教育。对违反《中华人民共和国治安管理处罚法》或者涉嫌犯罪的严重欺凌行为，学校不得隐瞒，应当及时向公安机关、教育行政部门报告，并配合相关部门依法处理。对于不同学校学生之间发生的学生欺凌事件，应当在主管教育行政部门的指导下建立联合调查机制，进行认定和处理。

健康术语

校园欺凌零容忍处理机制： 指建立预防为主，以校长为学生保护的第一负责人的早预警、早发现、早处理的校园暴力和欺凌防控制度体系。

（星　一）

第七章

防范风险——
一份网络安全秘籍

一

合理安排上网时间，不沉溺于虚拟时空

1. 为什么儿童青少年容易沉溺于网络空间

随着信息技术的发展，网络成为儿童青少年日常学习生活不可或缺的一部分，为他们提供了学习机会和社交机遇。但是，由于网络信息量大，娱乐内容丰富，一些青少年沉浸在网络空间里不能自拔，对网络产生依赖，使身心健康和社会功能受到损害。

关键词：网络世界　身心健康

专家说

互联网的出现和发展给世界带来诸多变化，它加快了信息传播的速度，改变了人们的生活方式和工作方式，使人们的学习和交流更加方便；它可使偏远地区的青少年有机会接触到高质量的教育素材，有助于普及教育；它为有需要的人获得信息，寻求方法，解决问题提供线索；它还可以创造就业机会，帮助那些缺乏专业技术的青年人谋求生存之路。但是，互联网是一把双刃剑，对于儿童青少年更是如此。儿童青少年正处于生理、心理和社会适应的快速发展阶段，他们寻求自我和独立，对新鲜事物好奇心强，接受度高，渴望友谊，渴望被认同。聊天室、网络游戏、短视频、二次元文化、网络文学、直播和论坛等内容丰富、形式多样的网络世界可以快速满足他们的需求；网络中大量直观、激烈的信息刺激，网络交友中的成功经验，游戏中淋漓尽致的快感，使他们很容易在网络空间中

一　合理安排上网时间，不沉溺于虚拟时空

体会到在现实世界难以体验到的感觉，形成错误的观念和认知；青少年容易沉溺于幻想，缺乏自控能力，往往把网络作为逃避现实问题的出口。有研究表明，经历抑郁、压力或家庭问题的儿童青少年更容易沉溺于网络不能自拔；而有较强人际关系的儿童青少年能够利用网络巩固真实世界中的现有关系。

健康加油站

2022年我国未成年网民规模达1.93亿，18岁以下未成年人互联网普及率高达97.2%，87.0%的学生拥有自己的上网设备；调查前的半年内，未成年网民中，88.7%的人经常利用互联网学习，67.8%和54.1%的人经常上网玩游戏和看短视频，53.6%的人上网聊天；未成年网民中，14.5%的人对网络比较依赖，5.7%的人对网络高度依赖。

（星一）

2. 中小学生如何**合理使用**网络

网络已成为当代儿童青少年生活学习中不可或缺的一部分，通过互联网获取知识和信息是一项重要的技能。对于学生个体而言，科学、文明、安全、合理使用网络是关键。

专家说

中小学生应培养自身信息素养，积极利用互联网获取知识和技能，提高沟通水平，完善自我，科学、文明、安全、合理使用网络。

第一，提高自身管理能力。未经允许，不将手机等智能终端产品带进学校或者在校园内使用；如有特殊需要，应当将其交老师统一管理，除教学需要外，禁止将其带入课堂；严格控制上网时间，每天上网学习时间，小学不要超过2小时，初中不要超过3小时，高中不要超过4小时，每次不超过30分钟，其他视屏时间每天累计不超过1小时，并且尽量将上网时间固定。

第二，学会在安全网络环境下上网。通过安装未成年人上网保护软件或者采取其他安全保护技术措施，保护自己网络隐私和个人数据，避免泄露。

第三，熟练掌握网络使用技术，浏览高质量网站，掌握从大量庞杂信息中获得有用信息的技术，避免长时间、无目的地浏览网络信息。

第四，避免浏览充斥暴力、色情或者低俗内容的网站或平台，自觉抵制暴力、色情、恐怖等不良信息，不造谣传谣，一旦发现类似网络产品、服务或者信息，及时上报。

关键词

信息素养　合理使用网络

第五，恪守道德，自觉遵守法律，共同维护积极健康、向上向善的网络文化环境；增强网络适应能力和抗挫折能力；不使用侮辱或仇恨语言；避免成为网络欺凌或网络暴力的执行者或者受害者。

健康术语

合理使用网络： 指科学、文明、安全、理性地使用网络。

科学上网： 指熟练掌握网络技术和能力，能够快速从海量信息中搜寻高质量的信息。

安全上网： 指具有网络安全意识和网络法律意识，安装未成年人网络保护软件或者采取其他安全保护技术措施，不泄露自己和他人的隐私，不浏览充斥色情、暴力或低俗内容的网站与平台，能够抵制网络上的各种诱惑。

文明上网： 指在网络空间要具有同理心和抗挫折能力，不制作、复制、发布、传播淫秽、色情、暴力、迷信、赌博等不健康的网络信息，不通过网络以文字、图片、音视频等形式对他人实施网络欺凌或网络暴力等。

理性上网： 指能够限制每天和每次上网时间，避免沉溺于网络各种信息、游戏中不能自拔，避免网络成瘾。

（星　一）

3. 过度**沉溺**于网络是一种病吗

儿童青少年长期、习惯性、过度沉溺于网络，甚至发展至一种慢性的或周期性的痴迷状态，产生难以抗拒地再度使用和延长使用时间等欲望，产生依赖，出现戒断症状等，是一种心理和身体上的依赖，是一种行为成瘾，可对其身体、心理、学业、人际关系等产生严重影响。

关键词：网络成瘾 行为成瘾

专家说

儿童青少年是网络成瘾的高发人群。亚洲国家儿童青少年网络成瘾患病率在 7.4%~46.4%，美国最高达到 10%，非洲为 34.5%。2005 年我国大中小学生网络成瘾报告率为 8.9%，2020 年中国青少年网络成瘾人数约占青少年网民总数的 14.1%。

如何判断自己是否出现网络成瘾呢？如果下述 10 个条目中有 4 个及以上条目符合，可怀疑出现网络成瘾：①过去 7 天，平均每天非学习上网时间不少于 4 小时；②经常上网，即使不上网，脑中也一直浮现与网络有关的事情；③一旦不能上网，就感到不舒服或不愿意干别的事，而上网则缓解；④为得到满足感增加上网时间；⑤多次想停止上网，但总不能控制自己；⑥因为上网而对其他爱好、活动（如会见朋友）失去了兴趣；⑦因为上网而不能完成作业或逃学；⑧向家长或老师、同学隐瞒自己上网的事实；⑨明知上网已经出现负面后果（如睡眠不足、上课迟到、学习成绩下降、与父母争执）而继续上网；⑩为了逃避现实或摆脱自己的困境或郁闷、无助、焦虑情绪才上网。

健康术语

网络成瘾：指在无成瘾物质作用下对互联网使用冲动的失控行为，表现为过度使用互联网导致明显的学业、职业和社会功能损伤。一般情况下，相关行为需至少持续 12 个月才能确诊。《国际疾病分类第十一次修订本》（ICD-11）提出 3 条诊断标准：网络行为失控；网络游戏的重要性高于其他行为；网络行为已导致负面影响，仍无法停止。

（星 一）

关键词 网络成瘾 类型

4. 如何发现青少年出现了 网络成瘾

青少年一旦出现网络成瘾，身体、心理和社会功能等多方面将会出现障碍。从生活日常中的蛛丝马迹中可以发现青少年网络成瘾的迹象。

专家说

如果青少年出现以下几种情况，就可能出现了网络成瘾，家长和老师要注意。

（1）作息时间改变，注意力不集中：网络成瘾青少年往往出现作息时间改变，昼夜颠倒，睡眠节律紊

乱；上课注意力不集中，经常走神，出现上课期间睡觉等现象。

（2）**躯体症状**：网络成瘾青少年由于长时间静坐视屏，容易出现眼睛疲劳、视力下降、腰酸背痛、头痛、头晕、食欲缺乏、心脑血管功能障碍等症状。

（3）**心理行为异常**：网络成瘾青少年容易出现情绪和行为异常，易激惹，情绪低落，冷漠无情，情感表达困难，出现孤独、抑郁、焦虑等心理问题；自制力差，缺乏进取心，抗拒心理增加，容易与家人产生敌对情绪，出现攻击行为，甚至出现反社会人格。

（4）**学习成绩下降**：网络成瘾青少年学习兴趣和学习能力下降，经常使用自创不规范词汇及语法，断章取义和拼凑；对知识理解缺乏体系，思考能力、创新能力下降，有厌学情绪，经常逃学、旷课，最终成绩下滑，不能坚持完成学业。

（5）**人际关系不和谐，社会适应能力差**：网络成瘾青少年往往利用网络逃避现实生活中的困难和矛盾，对现实生活中人际交流缺乏耐心和信心，社交活动减少，变得孤僻、偏执、不合群；亲子关系恶化，人际关系严重受阻。

关键词：网络成瘾　信息素养　规范网络

健康术语

网络游戏成瘾：指强迫性地沉溺于不同网络游戏，体验网络游戏世界给自己带来的刺激和惊险过程，获取成就感和自我价值感。网络游戏成瘾在儿童青少年中比较常见。

网络关系成瘾：指沉溺于通过各种网上聊天结识朋友，进行社会交往，建立友谊和爱情，在网络上建立的关系甚至超过与现实世界中亲朋好友的关系。

网络信息成瘾：指强迫性地浏览网页以查找和收集对自身学习生活无实际意义的信息，并且被动、强迫性地浏览，导致注意力分散，易受其他信息干扰，忘记原本的搜索目的，转而搜索其他信息，浪费大量时间和精力。

网络交易成瘾：通常指以一种难以抵抗的冲动，沉溺于网上购物、在线赌博、网上拍卖等。

网络色情成瘾：指沉迷于成人话题的聊天室和色情网站，或沉迷于网上虚拟性活动等，儿童青少年正处于青春期性发育阶段，更容易被网络色情内容诱惑而出现网络成瘾，成为网络色情的受害者。

（星　一）

5. 如何帮助儿童青少年从**网络成瘾**的陷阱中跳出来

　　儿童青少年网络成瘾是个体、家庭和社会等多种因素共同作用的结果，因此，要做到家庭-学校-社会联动，多方发力，齐抓共管，帮助儿童青少年从网络成瘾的陷阱中跳出来。

专家说

（1）中小学校要严格规范学校日常管理，制定预防学生沉迷网络的工作制度，合理使用网络开展教学活动，加强校园网内容的管理，建设校园绿色网络；加强午间和课后时段管理，规范学生使用手机，未经学校允许，未成年学生不得将手机等智能终端产品带入课堂，带入学校的应当统一管理；组织学生开展丰富多彩的班级活动，营造良好的班级氛围；对学生进行网络安全、网络文明和防止沉迷网络的教育，预防和干预学生过度使用网络。

（2）家长要提高自身信息素养，规范自身使用网络的行为，给孩子树立榜样；尽早与孩子协商制订网络使用规则，对孩子使用网络的行为给予引导和监督；关注孩子上网内容和网络交友情况等；对于未成年子女，应在智能终端产品上安装未成年人网络保护软件，选择适合未成年人的服务模式和管理功能；给予孩子更多的陪伴，关注孩子情绪，多与孩子进行沟通，调整其心理，增强其意志，引导孩子勇于面对挫折，正确利用网络，培养孩子独立自主的能力，给予他们更多的自主权，培养责任感。

（3）大中小学生应提高自身信息素养，正确认识网络；遵守国家相关规定，确定每天上网学习时间；严格遵守与家长一起制订的网络使用规则，在网络上保护自己、尊重他人；积极参加文体活动和班级集体活动，更多地融入现实人际交往；能够正确地抓取高质量信息，抵制各种网络诱惑。

（4）社会各界要落实自己的责任。国家互联网信息办公室应继续深入推进防止青少年网络沉迷工作，网络直播平台和网络视频平台统一上线"青少年模式"，严格落实实名注册、时段时长限制和充值限制；各地出版管理、网信、通信管理、公安、市场监管等部门要加大对网络游戏企业的事中事后监管力度；教育督导机构要将预防中小学生网络沉迷工作纳入对地方政府履行教育职责评价和责任督学日常监督范围，并将督导结果作为评价地方教育工作和学校管理工作成效的重要内容。

（星 一）

6. 儿童青少年如何做到合理平衡**虚拟**与**现实**

随着以网络空间为主导的虚拟世界的崛起，传统的现实世界界限被打破。对于儿童青少年来说，如何在虚拟世界与现实世界之间找到合理的平衡，是避免网络成瘾，充分享受网络技术带来的巨大益处的关键。

关键词：虚拟世界　现实世界　平衡

专家说

随着网络技术的发展，人类通过基于网络的游戏、社区和平台等交流信息、知识、思想和情感，这些网络行为使人类生存发展从物理性的现实世界拓展到虚构的世界，进入到现实与虚拟并存的二元化社会。在这个二元社会中，每个人具有现实和虚拟的双重身份，较之现实世界，虚拟世界中，每个人拥有数字化、符号化的虚拟身份和虚拟人格，无法被感知性别、年龄、身份特征以及性格特点等；虚拟世界中人们的生活方式和生存空间不再受限于物理时空，时间可以倒流，地理位置和空间可以根据需要随意更换；在线语音、视频和游戏等交往方式呈现跨越时空的社会联系，有别于现实世界中具体形态的社会联系。虚拟的网络世界是当代科技革命的必然产物，无论是虚拟化的社会存在形式、行为活动形式，还是虚拟化的社会联系形态，都有其现实基础、现实原型和现实根据。

一　合理安排上网时间，不沉溺于虚拟时空

健康加油站

平衡虚拟与现实，儿童青少年要充分认识现实生活的重要性，明确虚拟世界的作用与弊端，做到既不沉溺网络世界不顾现实生活，也不完全抛弃虚拟世界的乐趣：①要明确虽然虚拟世界中地域、时空限制可以被超越，可根据需要随时进行更换，但是网民本身受现实世界的限制，不能为所欲为，需要自己去辨别网络内容的真假和好坏，要遵纪守法；②要控制视屏时间，要确保每天至少有 2 小时的户外活动时间和 1 小时的体育锻炼时间，要关注自己的身心健康；③应培养自己的兴趣爱好，学习至少一项现实生活技能，掌握至少一项体育技能，丰富自己的课余生活；④多参加一些团体活动，结交现实世界的朋友；⑤多与父母师长沟通，培养良好的亲子关系和师生关系，网友虽好，但不能替代现实朋友；⑥周末学习累了，可以适当上网，放松一下，但一定要控制时间，要保证充足的睡眠时间，不要熬夜上网。

（星 一）

二

遵守网络文明公约，避免触犯法律

7. 为什么说网络空间不是"法外之地"

关键词
网络空间 法外之地

2015年12月16日习近平总书记在第二届世界互联网大会开幕式上的讲话中指出"网络空间不是'法外之地'"。网络空间虽然是虚拟的，但运用网络空间的主体是现实的，学生在网络空间也要遵守相关法律法规，应当明确自己在网络空间中的权利和义务，包括尊重他人的知识产权、不传播虚假信息、不进行网络欺凌等。任何违反法律法规的行为，都可能导致学生承担相应的法律责任，包括但不限于民事赔偿、行政处罚甚至刑事追责。

专家说

随着时代的发展，网络已经成为人们生活中不可缺少的一部分。我国出台了一系列法律法规来规范人们的上网行为，例如《中华人民共和国网络安全法》《中华人民共和国计算机信息系统安全保护条例》《中华人民共和国计算机信息网络国际联网管理暂行规定》《计算机信息网络国际联网安全保护管理办法》《互联网上网服务营业场所管理条例》《互联网信息服务管理办法》《互联网IP地址备案管理办法》《互联网著作权行政保护办法》《信息网络传播权保护条例》等，这些法律法规为学生上网提供了法律依据和保障，要求网络运营者和家长对青少年上网行为进行合理监管，保护未成年人免受网络不良信息的侵害。同时，学生在上网过程中，也需要遵守法律法规，自觉抵制不良信息，维护网络空间的秩序。

网络就是一个虚拟的"社区"，每个人都可以使用它。既然是有人的"地方"，那自然就要有规则、规章制度，更要有法律的存在。网络上的一言一行都是有痕迹的，网络上违法乱纪的行为都是可以追溯到个人的。只有有法律约束，才能确保安全可靠、风气优良的网络环境，所以说，网络空间并不是"法外之地"。学生的网上行为同样需要遵守法律法规、道德规范和校园纪律，这既是为了维护网络空间的秩序，也是为了保护学生的个人成长。

健康加油站

学生使用网络时不能查阅、复制或传播煽动分裂国家、破坏国家统一和民族团结、推翻社会主义制度的信息；不能抗拒、破坏宪法和国家法律、行政法规的实施；不能捏造或歪曲事实，故意散布谣言，扰乱社会秩序；不能公然侮辱他人或者捏造事实诽谤他人；不能宣扬封建迷信、淫秽、色情、暴力、凶杀、恐怖等内容；不能破坏、盗用计算机网络中信息资源；不能从事危害计算机网络安全的活动；不能故意制作、传播计算机病毒等破坏程序。

（杨　婕）

8. 学生应如何有效避免网络"对线"

关键词

网络"对线" 恶意攻击

网络"对线"通常指的是两个或多个人在互联网上进行较激烈的争论、辩论或对骂。这种行为通常发生在社交媒体、论坛、聊天室等在线平台上，目的是表达自己的观点、反驳对方的观点或者争取更多的支持者，"对线"也会在上网冲浪或者上网打游戏的青少年与其网友之间展开。有时候，"对线"可能会演变成恶意攻击、人身攻击或辱骂对方的行为。

专家说

避免网络"对线"，我们应该寻找一些应对方式。不太会控制自己情绪的青少年可以从以下几个方面避免"对线"：①保持冷静和理智，不要轻易被对方的情绪和言辞激怒；②无论对方如何表现，始终保持尊重和礼貌，避免人身攻击或恶言恶语，保持专业和成熟的态度；③用客观事实和数据支持自己的观点，用有力的证据增加自己的说服力，避免依靠主观意见或情绪来辩论；④避免陷入循环对话，与"嘴硬"不肯认输的人争论是没有意义的，大家可能都不会轻易改变自己的立场，在这种情况下可以考虑结束对话或转移话题；⑤如果争论无法解决，可以寻求中立的第三方意见或专家的观点，他们可能能够提供客观和权威的意见供参考；⑥如果争论变得无休止，甚至对情绪和心理健康产生负面影响，适时退出是很重要的，接受对方的不同意见并放下争论可能是一个更好的选择。

如果无法改变他人的态度或行为，可以控制自己的反应和回应方式。学生应养成良好的上网习惯，遵守法律法规，注重自我保护，必要时积极向家长、学校心理老师或其他老师寻求帮助，以避免网络"对线"对自身造成不良影响。同时，家长和学校也应加强对学生的网络素养教育，营造健康的网络环境。

健康加油站

网络的私密性给人们提供了畅所欲言、表达观点的机会，但这一切都是站在合理且适度的角度上的。首先，要注意使用文明的言语，粗鲁的语言可能会变成引爆网络骂战的炸弹，使事态变得不可控。其次，要拥有包容的态度和同理能力，可以试一试站在别人的角度上思考问题，"对线"不是错在"论"上，而是错在"争斗"和"怼人"，一言不合就驳斥甚至排挤他人不是正确的选择。不妨用"求同存异"的策略，倾听、包容，真诚沟通。最后，还可以学着调理自己的心情，网络纷纷扰扰，那就停下来，听听歌，看看书，或者站起来离开屏幕，放松一下，拥抱自然，这些都有利于将浮躁的心归于平静。

（杨　婕）

9. 学生在使用**校园网**时需要注意什么

关键词

校园网 信息安全

校园网是学校重要的基础设施之一，为全体师生提供先进、可靠、安全的计算机网络环境，支持学校的教学、科研、管理工作。校园网多为公用网络搭建，隐私性和安全性较低，公用互联网协议（IP）容易被他人访问和远程控制，所以使用校园网时要注意信息安全。

专家说

学生使用校园网必须遵守国家有关法律法规，必须认真学习并遵守《中华人民共和国保守国家秘密法》《中华人民共和国网络安全法》等法律法规。使用校园网时必须接受学校依法进行的监督检查和采取的必要措施，对校园网的所有设备要精心使用。如出现违反法律法规的行为，经教育仍不改正者，学校有权取消其上网资格并采取切断网络等相关措施。

从学校层面，网管部门要加强对校园网新闻传播和信息内容的安全管理，对上网信息要进行审查，严格把关，落实防范措施。老师要引导学生正确、安全、健康地使用网络，进行资料查阅和教育教学相关活动。

（杨 婕）

10. 为什么进行游戏**账号交易**要慎重

游戏账号是登录游戏时的个人专属凭证，它通常与玩家的个人信息、游戏角色、游戏道具等关联。账号是数字时代的代表，可以由中文或英文甚至是一些符号组成。游戏账号是可以被认定为个人私有虚拟财产的，进行游戏账号交易时须防范诈骗陷阱和个人隐私泄露的问题。

关键词

游戏账号 账号交易

二 遵守网络文明公约，避免触犯法律

专家说

虽然大部分游戏服务商都约定用户仅有使用权而无所有权,但从法律的角度而言,游戏账号及其所包含的游戏装备客观上具备一定的价值,其使用权也因其本身的价值属性可以被视为虚拟财产。在不违反服务协议所约定的使用期限和适用范围等条件的情况下,将自己的游戏账号与他人进行交易并不违法,经过他人同意买卖他人账号也不违法;但如果未经他人同意私自买卖他人账号或者是盗号交易,就属于违法行为。

目前我国尚无游戏账号交易相关的法律法规,但几乎没有哪家游戏公司允许私下里进行账号交易。比如大多数游戏公司要求使用者在注册时签订某些协议,这种情况下,账号交易就是不受官方保护的。在相关使用条款中也可以发现,游戏公司对私下的账号交易持否定态度,并且明确不会为其产生的问题承担法律责任。

健康加油站

学生需要提高自己的安全防范意识。目前,游戏账号一般会绑定使用者的身份证号码,且一经绑定是不可以修改的,此外,账号里还收集了手机号、住址等私人信息,如果出售自己的账号很可能导致隐私的泄露。游戏账号属于虚拟产品,在交易的过程中会出现很多套路和风险,不论是买还是卖，都容易被对方欺骗，建议切勿因贪小便宜而造成大问题。如果已经进行了交易或者账号所有者变更，需要在买卖后，联系游戏商家客服，及时进行身份登记的变更以免别有用心的人进行违法犯罪活动。

（杨　婕）

11. 青少年如何避免网络暴力

网络暴力是暴力的一种，是指借助互联网这一载体，对受害者进行谩骂、抨击、侮辱、诽谤等，并对当事人的隐私权、人身安全权及其正常生活造成威胁或某种不良影响的行为。网络暴力并非特指一种不当行为，而是指多项不当行为导致的在个人或群体中的不良作用。虽然学生主要的生活环境是学校、家庭，但是网络暴力依旧会对他们产生潜移默化的影响。

专家说

网络暴力是对个人或集体发布侮辱谩骂、造谣诽谤、侵犯隐私等的违法信息和其他不符合社会道德的信息，这些信息经过互联网的放大传播，往往就成了"伤人利器"。学生因为性格、年龄和思想等原因，喜欢接触网络并在网络上发表观点，同时因不注意自己的隐私，容易受到网络暴力。2023年9月25日，最高人民法院、最高人民检察院、公安部联合发布的《关于依法惩治网络暴力违法犯罪的指导意见》要求，对网络暴力违法犯罪，应当体现从严惩治精神，让人民群众充分感受到公平正义，其中明确提到了要重点打击针对未成年人的网络暴力犯罪行为。

健康加油站

网络暴力通常发生得很隐蔽，因为网络的私密性，人人都可能躲在暗处，拿起键盘攻击他人。首先，我们要保护好自己的隐私，防止信息泄露。网络是有两面性的，既有积极的一面，也有阴暗的一面，我们不要把日常生活中的表现全部都融入网络，在网络社交中要注意距离感，要谨慎和陌生人接触，学会"隐藏"自己。其次，己所不欲勿施于人，我们自己也要约束好自己，保持合理的网络行为，不要发表侮辱、辱骂他人的言论，要尊重他人的权益和隐私。此外，同学们可以注重在现实中与他人交流，父母、老师、朋友都是你可以倾诉的对象。最后，如果遇到网络暴力和网络霸凌，立即保存相关证据，采取行动，向父母老师报告，并向相关部门举报。

（杨　婕）

三

保护隐私,
识破陷阱,
保护自己

12. 在社交平台发布动态时有哪些**隐私泄露风险**

关键词　网络隐私　青少年

网络隐私包括个人信息、活动、生活轨迹等，应该受到保护，任何通过非法入侵获取这些信息的行为都构成对隐私的侵犯。在网络高速发展的时代，隐私泄露风险普遍存在。保护好自己的网络隐私对于网民而言尤为重要。互联网是当前学生学习、生活中的重要工具，提高学生保护网络隐私的意识至关重要。

专家说

学生是社会发展中需要特殊照顾的群体，其自制力、判断力较差，故会因各种内外部原因在网络隐私等多方面遭受威胁，使其个人信息更易在网络世界遭到泄露和滥用。另一方面，学生对世界充满新鲜感，常常乐于在社交平台分享生活、交流学习经验等，会不经意泄露个人隐私。因此，保护青少年网络隐私安全十分必要，正确引导青少年注重自身网络隐私安全也同样重要。

2021年11月1日起，《中华人民共和国个人信息保护法》正式施行，这部法律明确提出，个人信息处理者处理不满十四周岁未成年人个人信息的，应当制定专门的个人信息处理规则。学生个人信息一旦遭到泄露和非法利用，会引发无穷的后果，轻则被营销电话骚扰、被垃圾短信和广告邮件轰炸，导致青少年生活被干扰，重则被不法分子利用，使学生及其父母的财产安全和人身安全都受到威胁。

互联网作为当代学生学习新知识和放松减压的新途径，在提供便利的同时，也会有潜在的危险，是一把"双刃剑"。学生在发布动态时需要注意：谨慎设置隐私权限，谨慎透露个人信息，保护肖像权，谨慎添加好友。

健康术语

隐私权： 指自然人享有的私人生活安宁和不愿为他人知晓的私密空间、私密活动、私密信息依法受到保护，不被任何组织或个人非法刺探、侵扰、泄露和公开等的一种人格权。

肖像权： 指自然人有权依法制作、使用、公开或者许可他人使用自己的肖像的一种人格权。肖像是通过影像、雕塑、绘画等方式在一定载体上所反映的特定自然人可以被识别的外部形象。

（杨 婕）

13. 不慎泄露个人隐私应如何通过正当方法**保护**自己

关键词

个人隐私 自我保护

个人隐私是指公民个人生活中不愿对他人（一定范围以外的人）公开或让他人知悉的秘密，且这一秘密与其他人及社会利益无关。判断信息是否属于个人隐私核心在于公民本人是否愿意他人知晓，以及该信息是否与他人及社会利益相关。任何人都有权保护自己的个人隐私安全，在高速发展的信息时代，学生在使用网络时需要提高自我保护意识。

专家说

在如今这个网络发达的年代，学生可以通过网络获取一定的学习资源及进行社交，在进行网页浏览和在社交平台发布信息的同时，极有可能面临隐私暴露的危险。当发现自己在网络中泄露了个人信息时，首先需要保持冷静，然后搞清楚自己是如何泄露个人信息的，分析这会对自己日后的生活造成什么程度的影响，在无法判定的情况下，要及时求助老师和家长，尽快阻止事情发展的严重化。

根据《中华人民共和国刑法》第二百五十三条，违反国家有关规定，向他人出售或者提供公民个人信息，情节严重的，处三年以下有期徒刑或者拘役，并处或者单处罚金；情节特别严重的，处三年以上七年以下有期徒刑，并处罚金。当个人隐私泄露严重时，我们要学会运用法律的手段进行维权。

健康加油站

在日常生活中，我们要学会防范个人隐私的泄露，做好预防工作。我们需要注意：网络购物要谨防钓鱼网站，妥善处置快递单、车票等单据，身份证复印件上要写明用途，简历只提供必要信息，不在微博和群聊中透露个人信息，微信不要加不明身份的好友，慎重参加网上调查活动，注意免费 Wi-Fi 易泄露隐私等。

（杨　婕）

关键词：网络安全　学生发展

14. 网络安全对于学生群体未来的发展有什么影响

网络安全对学生群体未来的发展具有深远影响。在学校教育阶段，培养学生网络安全意识和技能，有助于提高学生的综合素质和能力，为我国网络安全事业储备优秀人才，推动网络强国建设。

健康术语

漏洞： 指信息系统中的软件、硬件或通信协议中存在缺陷或不适当的配置，从而可使攻击者在未授权的情况下访问或破坏系统，导致信息系统面临安全风险。

恶意代码： 指在未经授权的情况下，在信息系统中安装、执行以达到不正当目的的程序。

网页篡改： 恶意破坏或更改网页内容，使网站无法正常工作或出现黑客插入的非正常网页内容。

三　保护隐私，识破陷阱，保护自己

网页挂马： 通过在网页中嵌入恶意代码或链接，致使用户计算机在访问该页面时被植入恶意代码。

非授权访问： 没有访问权限的用户以非正当的手段访问数据信息。非授权访问事件一般发生在存在漏洞的信息系统中，黑客利用专门的漏洞通过程序来获取信息系统访问权限。

路由劫持： 通过欺骗方式更改路由信息，导致用户无法访问正确的目标，或导致用户的访问流量绕行黑客设定的路径，以达到不正当的目的。

专家说

我们通常说"网安则国安，国安则民安"。网络的安全发展有利于学生群体的发展，主要体现在以下几个方面：一是网络安全能够保护学生的个人隐私和资产，防止个人信息泄露、网络诈骗等风险；二是随着数字化转型的加速推进，学生具备网络安全知识和技能，将在求职过程中具有更高的竞争力；三是网络安全为学生提供了进行学术研究和创新实践的网络环境，保护了他们的知识产权，促进了创新能力；四是学生可以通过积极参与网络安全宣传和教育活动，增强社会责任感；五是网络安全涉及多个领域，如技术、管理、法律等，需要跨学科、跨领域合作，并且网络安全知识涵盖了许多方面，如信息安全、法律法规、伦理道德等，学生在学习网络安全知识和技能的过程中，可以提升自己的综合素质。

具备网络安全意识和能力，将有助于学生在学术、职业和社交等各个领域取得更好的成绩。学校、家庭和社会应共同关注学生网络安全教育，为他们的未来发展保驾护航。学生本人要遵守安全上网守则，共同促进安全良性的网络环境建设。

（杨 婕）

15. 常见诱骗学生的**网络陷阱**有哪些

网络陷阱是互联网上的一种诈骗行为，网络诈骗分子利用虚假信息、诱饵或者其他手段诱导用户陷入其中，从而达到窃取用户财物、个人信息等不法目的。网络陷阱具有破坏性、传染性、潜伏性、隐蔽性等特点，让用户防不胜防。针对学生这一特殊群体，网络诈骗手段层出不穷。

关键词：网络陷阱　学生群体

专家说

学生群体具有社交需求强烈、更富同情心、社会经验不足等特点，犯罪分子利用学生群体这些特点开展诈骗活动。常见诱骗学生的网络陷阱包括虚假兼职招聘、网络购物诈骗、网络游戏诈骗、交友诈骗、慈善捐款诈骗、虚假中奖诈骗、病毒勒索、学术造假等。为了避免学生群体在网络诈骗中栽跟头，家庭、学校、社会需要共同努力，加强对学生的网络安全教育，提高学生的自我保护能力。家长和老师要正确引导学生安全文明上网，树立正确的价值观，让学生可以分辨网络诈骗的圈套；社会要形成良好的上网氛围，积极打击网络诈骗，为网民提供良好的网络环境；学生自己应增强网络安全意识，谨慎对待网络上的陌生人和信息，保护个人信息，坚守底线，明确"天上不会掉馅饼",不被蝇头小利蒙蔽双眼,不轻信高额回报的诱惑,避免掉入诈骗陷阱。当学生发现诈骗陷阱或已经陷入时,要及时向家长和老师请教,积极与警方沟通,严厉打击犯罪行为。

(杨 婕)

16. 遇到"**网络刷单**"等网络陷阱要如何求助

网络刷单是指在电子商务等网络平台上,通过虚假购买、虚构交易记录等手段,提高商品销量、好评率或服务人气的一种行为,是最常见的网络诈骗陷阱之一。其费用较低,门槛较低,常常是使在校学生等群体受骗的网络诈骗方式。

专家说

随着互联网和自媒体的不断发展,网络诈骗手段层出不穷,网络刷单是诈骗人员抓住了受害人贪图利益的心理,对受害人开展诈骗的行为。当学生遇到这样的网络陷阱时,可以采取以下措施寻求帮助。

(1)**告知监护人或老师**:在第一时间详细告诉自己的监护人或者老师遭遇事件的情况。

(2) **停止交易**：立即停止与对方的交易，避免损失进一步扩大。

(3) **保存证据**：收集与对方的聊天记录、交易记录等相关证据，以便后续投诉或报案。

(4) **咨询官方客服**：如果是电商平台上的交易，可以联系电商平台官方客服进行投诉举报。很多电商平台都有专门的投诉渠道。

(5) **报案**：如果已经受到诈骗，可以向当地公安机关报案。同时，可以拨打反电信网络诈骗专用号码96110进行咨询和举报。

(6) **寻求法律帮助**：如果遭受了经济损失，可以寻求法律专业人士的帮助，起诉对方侵权行为。

另外，还可以向网络安全部门、消费者协会、电子商务协会等相关机构投诉举报。同时，加强自身网络安全意识，谨慎对待网络上的陌生人和广告，避免再次陷入网络陷阱。遇到不明来历的电话要求汇款的，不要轻易相信，一定要多方核实。要牢记：政府部门机关不会通过电话、邮件等形式要求汇款。在保护个人财产安全的同时，也要积极传播防骗知识。

（杨　婕）

第八章

心灵港湾——
守护心理健康的良方

一

认识自我，
了解自我

1. 为什么我眼中的自己和老师、同学眼中的我**不一样**

每个人都是独立的个体，自我认知和他人认知受到观察角度、主观意识、认知偏差以及关系亲近度等因素的影响，存在差异是很正常的现象。因此，我们应该尊重别人的看法，同时也要学会从多个角度了解自己，以便更好地认识自己。

专家说

自我认知是个体对自己的洞察和理解，包括自我观察和自我评价等。自我认同是个体在一定社会环境中，通过与他人的长期互动，逐渐形成与发展出的关于自我的认知，能帮助个人明确、清楚地认识自身。

通常，每个人都会认为自己是最了解自己的人，因为每个人与自己的思想和行为最为接近，大脑时刻记录着自己的情绪、思考、行为等信息，所以对自己的认知通常最为全面和深入。然而，他人的认知往往基于个体的外在表现，比如言谈举止、行为习惯、性格特点等。所以，他人眼中的自己和本人眼中的自己有时会出现差异。在校园生活中，老师、同学会根据学习情况、人际关系和社交能力形成对每一个学生的印象；同样地，学生也非常关注老师、同学对自己的评价。来自周围这些重要人员的积极或消极的评价，

关键词：自我认知　自我认同

关键词

自我悦纳 同理心

会激起个体强烈的情感反应，也会巩固或者动摇个体对自己的认识。值得注意的是，青少年自我认知往往具有不全面性。因此，在现实生活中，学生可以通过定期对自己的行为、思维和情感进行深入的反思，并与身边的人保持良好沟通，听取他们的意见和建议，了解自己在他人眼中的形象，从而更全面地认识自己。

健康术语

心理健康：指有利于个体身心发展，使工作、学习有效率，维持良好生活质量的适宜的心理状态。心理健康的儿童青少年具备以下特征：智力发展正常；情绪稳定且反应适度；心理行为特点与年龄相符；能与人和睦相处，悦纳自己，认同他人；个性稳定和健全。

（王 莉）

2. 为什么**接受**自己的**优点与不足**后，与老师和同学交往更轻松

师生交往是校园生活中最基本的人际交往之一，当我们能够坦然面对并接受自己的优点与不足时，我们内心的焦虑和紧张感会大大减少，与老师和同学的交往就会变得自然而轻松。每个人都有自己的闪光点和需要改进的地方，这正是我们独特和真实的体现。

专家说

自我悦纳是指个体对自身状态的接受，并对其产生积极的情感体验，是儿童青少年心理健康的特征之一。"尺有所短，寸有所长"，每个人都是一个独特的个体。儿童青少年只有正视并接受自己的优点和不足，才能在与老师和同学交往的过程中更加自信、从容、开放和理性，从而建立更好的人际关系。

首先，接受自己的优点意味着一个人能够认识到自己的长处和价值，这正是建立自信的基础。这种自信是对自己真实的认知和理解，能够让人有信心地表达自己的观点，分享自己的想法。在与老师和同学交往的过程中，自信可以让言行更加自然、流畅，让人更加从容和自在，能够更好地展现自己的魅力，也更容易得到他人的认可和尊重。

其次，接受自己的不足意味着一个人能够正视自己的缺点和不足，而不是试图掩盖或否认它们。每个人都有需要改进和提高的地方，改进和提高的过程正是个体成长和进步的动力。接受自己的不足可以让人更加谦虚和开放，愿意学习和接受他人的建议和指导，这有助于减少与老师和同学交往时的紧张和焦虑，从而更好地与他人交往。

一个可以完整地认识并接纳自己的人，往往也能够很轻松地认识并接纳他人，包容他人的缺点，不苛求他人。当遇到问题时，可以站在对方的角度去理解对方的感受、信念和态度。在师生关系中，如果沟通双方能够从同理心的角度出发，有效地传递信息，彼此都会感觉得到理解和尊重，使交往更加轻松。

（王 莉）

关键词 青春期 性心理 异性交往

3. 为什么在中学阶段与**异性交往**时会莫名紧张

性心理的发育是青春期心理发育的重要体现。青少年开始对性产生好奇，出现各种性心理活动，意识到自己的性别并逐渐形成自我意识和性认同。而伴随着性心理的变化，青少年在与异性交往过程中会出现紧张、疏远等表现。

专家说

性心理是指围绕性特征、性欲望和性行为展开的所有心理活动，由性意识、性感情、性知识、性经验、性观念等构成。了解青春期性心理发展规律，有助于为青少年解除性心理困惑，预防青少年性心理障碍的发生。青春期性心理发展包括三个阶段。

（1）异性疏远期：性发育早期体态的剧烈变化常使青少年出现许多不同的心理现象，包括心理适应困难，内心慌乱不安，表现出对性的抵触，甚至反感。女童青春期发育早，体态变化明显，常表现出主动疏远男性；男童体态变化较晚，但在男女界限分明上表现更强烈。大部分男女生这时开始疏远异性，表现出男女排斥现象。

（2）异性爱慕期：伴随着青春期性心理的逐步发展，男生、女生都开始渴望了解异性，可能会主动接近异性，同时开始萌发对异性的向往和憧憬。每个人的表达方式都是独特的，男生可能会以多种方式展示自己的魅力，而女生也可能在打扮和举止上展现出自己的个性。异性爱慕期是性心理发育的重要阶段，对于个人的成长和发展具有重要意义。

（3）两性初恋期：此时期青少年性意识的发展逐渐趋于成熟，对异性的情感充满浪漫和幻想，对异性爱慕逐渐趋于专一。此时，他们可能会开始按自己的标准寻觅"意中人"，并会采取各种方式接近对方。值得注意的是，他们有可能喜欢两人世界，不爱参与集体活动，

关键词：同伴关系　同伴　教育

表现出明显的"离群"行为和排他性。当然并非所有的青少年在初恋期都会如此，很多青少年仍然可以保持与其他朋友的正常交往。在情感上，青少年可能会经历强烈的波动和变化，既有甜蜜的山盟海誓，也可能因为小事的争吵而感到困惑和不安。

健康加油站

由于中学生的社会心理发展程度、社会角色以及物质条件的限制，异性交往常常带有浓厚的幻想色彩，具有不现实性和脆弱性。因此，青少年期异性交往的目标应该是发展友谊而非过早陷入恋爱。保持正常的异性交往需要尊重、理解、适度和自信。只有建立起健康、平等、尊重的交往关系，才能更好地与异性同学相处，共同成长和进步。

（王　莉）

4. 为什么在学校有几个**好伙伴**很重要

同伴关系在人类社会中扮演着重要的角色。对中学生而言，同伴关系是青春期人际关系的主要内容，对青少年的身心发展及社会适应有着至关重要的作用，同伴具有其他人无法取代的重要价值。

专家说

良好的同伴关系可以促进个体自我认知，帮助个体获得社会能力的发展并满足个体的社交需要，在青少年成长过程中有重要保护作用。校园中的同伴关系是学生成长过程的重要组成部分，它不仅影响学生的社交能力和心理健康，也是学生获取信息和知识的重要途径。

首先，学生不仅在学校学习课本知识，同时也学习如何与人交往、如何处理人际关系、如何解决冲突。通过与同伴的互动，个体可以学习和锻炼自己的沟通技巧、解决问题能力和决策能力。这些重要生活技能的提高不仅有助于学生个体的心理健康，也有助于其未来的职业和社会化发展。其次，同伴是学生的重要社交支持网络。在成长过程中，青少年开始寻求独立和自主，逐渐脱离父母的庇护，这时同伴成为他们寻求支持和理解的重要对象。与同伴的友好关系可以增强学生的自尊心和自信心，有助于缓解学习压力和生活困扰。相反，不良的同伴关系可能导致学生出现焦虑、孤独和抑郁等心理问题。再次，在与同伴的交流和讨论中，学生可以分享观点、交流经验、互相学习，激发其好奇心和求知欲，从而扩展自己的知识面，开拓思维方式。最后，良好的同伴关系也有利于在学校开展同伴教育，以减少中学生的健康危险行为，提高学校健康教育的效率。

为了建立良好的学校同伴关系，学校老师和学生自身都应该付出努力。学校可以提供丰富的社交活动和团体项目，促进学生之间的交流和合作。学生自身也应该积极与同学互动，建立良好的人际关系，同时注重自身素质的提升，以吸引更多志同道合的同伴。

关键词：自我意识 自尊心

健康术语

同伴关系： 指个体在交往过程中与他人建立和发展起来的一种平行且平等的人际关系，特别是指在年龄相仿或心智发展水平相当的个体之间。

同伴教育： 利用青少年的集群倾向，首先从群体中挑选出一些有影响力和号召力的人进行培训，使其掌握一定知识和技巧，并鼓励其向周围青少年传播这些知识和技能，达到共同受教育的目的。

（王 莉）

5. 为什么学生不愿意被问及学习成绩

学生对于成绩的敏感实际上是青春期自我意识的体现。随着个体的成长，特别是进入初中阶段以后，自我意识开始觉醒，青少年开始关注自己的内心世界和外在形象，并且对别人的评价也更加敏感。这种自我意识的觉醒使得学生在面对关于成绩的询问时更加谨慎，不再像以前那样无忧无虑地分享自己的成绩，而是开始审视自己的价值和能力。

专家说

自我意识是个体对自己身心状态的认识、体验和愿望，具有目的性和能动性。青春发育期是自我意识发展的第二个飞跃期，学生可能会表现出以下一些特点：①强烈关注自己的外貌和风度；②深切重视自己的能力和学习成绩；③强烈关心自己的个性成长；④有很强的自尊心。学生常常认为成绩是衡量自身能力和价值的关键标准，因此对成绩变得非常敏感。同时，由于青春期的心理特点，学生们也更加关注自己的隐私和自尊心，不愿意轻易透露自己的成绩。

除此之外，处于青春期的青少年面临着许多挑战和压力，如学业压力、人际关系、未来规划等。这些挑战和压力可能导致他们对成绩的关注度更高，对自己的要求也更严格。因此，他们在面对关于成绩的询问时，可能会感到更加焦虑和不安。

总之，青春期自我意识的觉醒和学生面临的压力都可能导致他们不愿意被问及学习成绩。老师和家长应该理解他们的心理需求，尊重他们的隐私和选择，给予足够的支持和理解。同时，学校和家庭也应该创造一个更开放和包容的学习环境，不要将学习成绩作为评价学生的唯一标准，让学生感到安全和支持，以促进其健康发展。

> **健康加油站**
>
> 保护学生的自尊心是一项极其重要的工作，它是学生保持心理健康、良好人际关系和学习动力的基础。当自尊心受损时，学生会感到沮丧、无助和焦虑，这不仅影响其情感健康，还可能影响他们在学校和社交环境中的表现。老师应该关注学生的情感状态，尊重个体差异，及时给予正面反馈，培养学生抗挫折能力，建立良好的师生关系，帮助学生建立并保护好其自尊心。

（王　莉）

二

掌管情绪，
心灵减压

6. 为什么比起成年人，中学生的**情绪**更容易**波动**

关键词

情绪变化　情绪管理

每个人都会有情绪变化，这是人类情感的正常表现。情绪变化可能受到许多因素的影响，如个人经历、环境、生理和心理状态等。中学生正处于青春期，生理和心理都在经历快速的发育变化，加上面临更多的挑战和压力，所以情绪波动可能更加明显。

专家说

个体因需要是否被满足而产生的暂时、较剧烈的态度体验被称为情绪，可以表现为快乐、恐惧、悲伤、厌恶等。情绪变化是每个人都会经历的正常现象，而且情绪变化并不总是负面的。适度的情绪波动可以帮助个体更好地应对生活中的挑战和变化，了解自己的需求和感受。如果情绪波动过于频繁或严重，则会对个人的生活、学习和人际关系产生负面影响。

对于中学生来说，由于其生理发育的加速和心理发育的相对滞后，情绪波动可能更加明显。进入青春期的中学生，在体格生长的同时自我意识逐渐增强。在生理上，体内激素水平发生较大的变化，而神经系统尚未发育成熟，对于情绪的控制能力较弱，容易导致情绪波动。同时，中学生所处的社会环境和人际关系也对其情绪产生影响。相较成年人，当面对同学之间的竞争、家庭关系的变化、社交媒体的影响时，社会经验不足、情绪处理和控制能力较弱的中学生更容易表现出情绪波动。

健康加油站

情绪管理是个体对自身情绪的认知、调适和控制。青少年如何进行情绪管理呢？首先是认识和接受自己的情绪，不要试图压制或否认它们，并采取积极的措施来应对情绪变化，包括与亲朋好友分享自己的感受，寻求支持和帮助等。与此同时，家长和老师应该关注学生的情感需求，给予他们足够的理解和支持，帮助他们建立积极的心态，培养情绪管理能力。

（王　莉）

关键词 抑郁障碍　应对方式

7. 学生如何避开引发"抑郁症状"的坑

可能引发学生抑郁症状的因素有很多，包括学业压力过大、人际关系不良、缺乏支持、自我期望过高和身体健康问题等。为避开这些对心理健康造成负面影响的"坑"，学生需要掌握一些调节情绪的技巧，也需要获得良好的社会支持。

专家说

抑郁障碍以显著、持久的弥散性心境低落为显著特征。尽管儿童青少年抑郁障碍的核心症状与成人相似，但受限于认知和情绪发展水平，儿童青少年抑郁障碍的临床表现与成人有所不同，且存在年龄差异。儿童抑郁障碍的常见表现有：情绪低落，容易发脾气或哭泣，缺乏动力或不爱玩，学业成绩下降，自我评价过低，喜欢谈论死亡，严重者有自伤、自杀行为。青少年抑郁障碍的常见表现有：情绪消极，易激惹，缺乏主动性，不愿意参加活动，孤僻，负性自我评价，有自杀意念，常伴有睡眠障碍、食欲和体重改变。

健康加油站

以校园生活为主的学生可以通过以下方式避开导致抑郁症状的"坑"。

（1）**保持健康的生活习惯**：合理饮食、充足睡眠、适当运动，都有助于缓解压力和预防抑郁。

（2）**寻找兴趣爱好**：除了学习，还可以做一些自己感兴趣的事情来调节情绪，比如绘画、听音乐、阅读等。

（3）**设定合理的学习目标**：根据自己的实际情况，设定合理的学习目标，避免因过度追求成绩而给自己带来过大的压力。

（4）接受自己的情绪：有时候，感到沮丧或焦虑是正常的，要学会接受自己的情绪，不要苛责自己。

（5）有效管理压力：学会通过深呼吸、冥想等方法来放松身心，减轻压力。如果觉得自己难以应对，可以寻求心理咨询师的帮助。

（6）建立支持系统：与家人、朋友或者老师保持良好的沟通，让他们了解自己的感受；同时，可以寻找志同道合的同学，一起分享心情和学习经验，让自己不感到孤单。

（王　莉）

8. 为什么在面对**考试**时常常会**焦虑**

关键词：考试焦虑　学生群体

焦虑是指无明显客观原因而出现的以不安和恐惧为主的情绪障碍，多数学生在临近考试，尤其是一些重要考试时会出现失眠、情绪亢奋或情绪低下等考试焦虑症状。

专家说

考试焦虑是学生在学业评价情境中产生的情绪、生理、行为方面的焦虑体验和认知担忧，通常由多种原因引起，如自身对于成绩的过分追求、对未来的期盼、父母的期待、时间不够用、无法集中注意力等。

考试焦虑是一种常见的情绪反应，许多人在面临考试时会感到紧张和不安，也可能会出现身体和心理上的反应，如心跳加速、出汗、呼吸急促等。轻度的考试焦虑是个体对外部环境刺激的正常反应，有利于提高对外界事物的敏感性，有利于学生正常水平的发挥；中度考试焦虑则会导致失眠、记忆力减退、注意力难以集中、学习效率降低；重度考试焦虑会对学生身心健康造成更大的损害，引起情绪不稳定、人格结构受损、神经衰弱，严重者甚至会出现自杀倾向、重度焦虑抑郁。

减轻考试焦虑带来的负面影响有助于学生减少焦虑情绪困扰、提升心理健康水平、提高学习效率。首先要为学生提供多方面社会支持，以缓解考试焦虑。父母的情感支持在很大程度上能够帮助学生缓解考试焦虑。父母应摒弃"唯分数论"，将注意力由关注孩子的成绩转到关注孩子的成长和进步，为孩子提供宽松温暖的家庭环境。学校可开设有针对性的心理团体辅导课程，通过开展正念训练活动，提升学生自我效能感，并帮助学生积极寻求社会支持，合理看待考试，减轻考试焦虑。

（王　莉）

9. 为什么学生有时会感到**厌学**

关键词：厌学情绪　逃学

厌学情绪是一种常见的心理现象，是学生学习活动中的一种"病症"，通常表现为对学习活动的消极态度和逃避行为。厌学情绪严重影响学习活动的顺利进行。

专家说

厌学是学生对学习活动产生消极的认知、负性的情绪和行为，即学生对学习活动失去兴趣，产生厌倦情绪，持冷漠态度，甚至出现厌恶、逃避的心理状态，并伴随不良行为。伴随不同的厌学程度，学生会出现学习倦怠、拒学、休学、辍学等多种表现形式。出现厌学的学生，在认知方面可表现出缺乏学习兴趣、厌倦学习和上学、对学习失去信心；在情绪方面表现为害怕和恐惧上学以及对学习活动的负性情绪增多，感到烦躁和焦虑；在行为方面表现为不遵守课堂纪律、容易与同学产生摩擦、旷课等，常常会伴随头晕、头痛、胃痛、发热、恶心、呕吐等生理不适反应。

导致学生厌学的原因常常包括以下几方面：家长对孩子期望值过高，提出孩子达不到的要求，使孩子在学业上缺乏成就感进而反感学习；家长对孩子缺乏正确方向的引导，使孩子学习的积极性受到压抑，从而产生厌学心理；学校课堂教学内容不丰富，老师讲课照本宣科，学生课业负担重；学生自身的心理素质不稳定或心理承受能力欠佳，对学习的期望过高，心理压力过大，精神过度紧张和疲劳；学生学习生活欠规律，学习方法不科学，不适应新的环境和老师的教学方式，不能做到劳逸结合，导致出现不良的身心状态。

健康加油站

如何才能消除厌学情绪呢？首先要调动学生的学习积极性，挖掘存在厌学问题的学生的潜力，调动其学习和解决问题的主动性，帮助其构建积极的心理状态。学校可以采用团体心理辅导的形式，提升学生情绪管理、自信培养、动机激发等能力。家长和老师要给予学生更多的鼓励，增加学生的成功体验，使他们的兴趣、劲头潜移默化地转移到学习上来，增强其学习的信心，使其逐渐承担起学习任务。老师可以采用丰富的教学方式和手段增加课堂吸引力，特别是对刚刚进入新的学习阶段的学生，帮助其尽快适应新学段的学习生活。媒体应发挥积极作用，在报道教育问题时，应该积极引导学生正确看待学习，避免学生产生厌学情绪。

（王　莉）

关键词　适度压力　学习效果

10. 为什么说**适度的压力**有助于提升学习效果

适度的压力对提升学习效果具有积极的影响。在面临适度压力时，学生会更加专注于学习，减少注意力分散的情况，从而提高学习效率。

专家说

压力是个体对外部刺激做出生理、心理和行为反应的综合模式，这些外部刺激可以是使人感到紧张的事件和环境刺激。学生群体面对压力如考试压力、运动会上的竞争压力时，常常会出现心跳过速、手心出汗、呼吸短促等症状，这些都属于正常现象，但如果面临的压力超出了心理承受能力，就会引发一些不良的身体和心理体验，如头痛、胃痛、恶心呕吐、腹胀腹泻、肌肉刺痛、健忘、失眠、脾气暴躁等，更严重的还会引发抑郁、焦虑等心理疾病。

虽然压力会引起很多生理或心理变化，但适度的压力可以转化为动力，帮助学生提高做事的效率，激发自身的潜能，比如说当面临考试压力的时候，为达到更好的检验效果，学生会投入更多的时间和精力进行复习，从而获得好的学习效果。所以，要学会运用压力。在不断地应对心理压力的过程中，学生们的心理承受力、抗挫折能力会不断地提高，这也促进学生们的心理渐渐走向成熟。

健康加油站

学生在面对压力时可以应用以下方法进行调节。

（1）自我激励：注重努力的过程，淡化事情的结果。设定的目标要合理，在实现目标的过程中受挫后，要积极地肯定自己所付出的努力。积极乐观的态度是解决问题和战胜困难的第一步。

（2）**自我放松**：当出现心理压力时，可以选择自己喜欢的活动来转移注意，比如跑步、登山、唱歌、读书、弹琴、散步等。当感觉压力特别大的时候，可以暂时放下实在不想做的事情，想休息便休息，想娱乐便娱乐。

（3）**变换环境**：在压力太大、心情不佳时，可以变换一下环境，和父母一起利用周末出去走一走。积极的亲子互动不仅可以使心情放松，更能够为同学们注入新的动力。

（4）**一吐为快**：不要把引发压力的"烦恼"闷在心里，主动向朋友、同学、老师、家长倾诉，或者把自己的感受写出来，然后放在一边，积极忘记过去的、眼前的不愉快，卸下压力轻装上阵。

（王　莉）

三

建立良好人际关系,
促进个人健康成长

11. 什么样的人在同学中受欢迎

受欢迎的人通常是那些拥有积极品质，在人际交往中展现出积极、真诚、善良、尊重他人等品质，并能够与他人和谐相处的人。在同学中受欢迎是许多人的目标，但受欢迎并非一蹴而就的事情，需要不断的努力和时间的积累。

专家说

在人际交往中受欢迎的原因是多方面的。首先，积极的态度传播着一种愉悦和正能量，会使人们感受到轻松和愉快的氛围。积极的人往往能够激发周围人的乐观情绪，为交往带来积极的影响。其次，展现真诚、善良和尊重他人的品质构建了稳固的人际基础。真诚能够让人感受到信任，善良可以引起他人的好感，而尊重他人则是对彼此关系的尊重和认可。这些品质不仅能为建立深厚的友谊奠定基础，还为解决潜在的冲突提供了更加积极的沟通方式。最后，具备积极品质的个体往往具备解决问题和化解冲突的能力。在人际交往中，难免会面临各种挑战和困扰，而具备积极品质的个体能够以冷静、理性的态度去面对问题，并寻找解决方案，这能增加他们在人际交往中的吸引力。

关键词　受欢迎　积极品质

健康加油站

如何做到在同学中受欢迎？可以从做一个积极向上、善于倾听以及拥有团队精神的人开始。

首先，受欢迎的人通常具备积极向上的个性。面对困难和挫折时能够保持乐观和坚韧，这种态度会感染周围的人，使周围的人更愿意接近。例如，当遇到学业困难时，努力寻找解决方案，而不是沉湎于消极情绪中。

其次，善于倾听和沟通是受欢迎的人的一项重要技能。受欢迎的人善于倾听他人的需求和感受，关心他人的生活，使别人感到被重视和理解。此外，受欢迎的人往往具备团队合作的精神。在学校生活中，许多活动需要团队协作，而擅长与他人合作的人更容易受到欢迎。他们能够充分发挥团队中每个成员的优势，共同完成任务。团队合作不仅可以锻炼个体的协调能力，也为同学们营造了融洽的学习氛围，使得整个班集体更加和谐。

最后，受欢迎的人通常展现出真诚和正直的品质。他们不做作，不虚伪，与人为善。拥有真诚的品质会赢得他人的信任和尊重，使人们更愿意与之交往。相反，虚伪和欺骗只会破坏人际关系，使人远离。

（孙　莹）

12. 在学校**结交**不到**朋友**怎么办

关键词：朋友 友谊

朋友通常是指彼此之间建立起亲密、信任和支持关系的人，能在对方需要的时候给予支持和帮助。朋友可以是在不同环境中相识的人，也可以是在共同兴趣、经历或价值观基础上建立关系的人。对于学生而言，学校是结交朋友的重要环境。在学校中结交不到朋友时，可以通过参加课外活动、表现出友好和善意、寻找共同话题和学会处理尴尬等方式交朋友。

专家说

结交朋友对个人的生活和心理健康都有积极影响。首先，能够通过结交朋友获得情感支持。朋友是在困难时刻提供情感支持的重要来源，与朋友分享生活中的喜悦和忧虑，能够减轻压力，增加幸福感。其次，朋友是社会支持网络的一部分，能够提供实际的帮助和资源。在生活中遇到问题时，有朋友的支持能够更轻松地摆脱困境。结交朋友还有助于缓解孤独感，降低抑郁和焦虑的风险。社交活动和人际关系对于维护身心健康至关重要。与他人建立积极的关系，得到认同和尊重，有助于提高个体的自尊心和自信心。朋友有着不同的背景、文化和经历，与他们交往可以拓宽自己的视野，学习不同的观点和价值观。朋友是生活中一起分享快乐、参加各种活动的伙伴。共同度过愉快时光可以增加生活的丰富性和乐趣。朋友之间的互动可以促使个体不断学习和成长。朋友还可以提供建设性的反馈，分享经验，促使个体在各个方面都有所进步。

总的来说，结交朋友不仅为个人提供了丰富的社交体验，还可对身心健康、职业发展等方面产生积极的影响。良好的人际关系是建立幸福、健康生活的基石。

健康加油站

如果想在学校中交朋友，首先需要了解自己，了解自己的兴趣爱好，这样就可以找到志同道合的同学，更有可能与和自己有共同兴趣的人建立友谊。其次，还需要积极参加课外活动，可以多参加一些班集体的活动和社团活动，这些活动提供了与他人互动的机会，学生们可以借此寻找有共同话题的朋友。另外，还要学会表现出友好和善意，不害怕主动和同学打招呼，有时候一个简单的微笑就可以拉近同学之间的距离，这样可以表现出愿意结交朋友的态度。寻找共同话题也是结交朋友的好方法，找出和同学之间的共同点，例如对某门课的兴趣、共同的爱好以及对某些话题的看法。共同话题是建立友谊的好起点。最后，要学会面对尴尬，有时候，即使做了所有正确的事情，仍然可能会遇到拒绝或尴尬的情况。不要灰心，理解这是社交的一部分。保持积极的态度，继续尝试与其他人建立朋友关系。

（孙 莹）

13. 被同学误解该如何处理

被同学误解是指同学对你的行为、言辞或动机的理解产生了偏差，这可能是信息不足、沟通不畅、观念差异等原因导致的。面对同学的误解，要及时沟通，理解他们的感受，表达自己的想法与需求，及时化解可能存在的冲突。

关键词：误解 沟通

专家说

被同学误解的原因是多方面的，这些原因可能涉及个人的言行举止、沟通方式、社交技能等。首先，语言不当、表达不清晰可能让对方无法准确理解你的想法从而产生误解。其次，有时候可能因为过于内向、害羞或是缺乏主动展示自己的机会，导致同学对你了解不足，容易产生误解。生活背景不同也可能会导致被其他人误解，有着不同生活背景的同学可能对一些行为和言辞有不同的理解，这种生活背景与文化的差异可能会导致误解。最后，如果一个人缺乏良好的人际交往技巧，例如不善于倾听、不懂得尊重他人的观点，也很容易让同学误解。

健康加油站

被同学误解是一种常见的经历，处理这种情况需要理智、沟通和自我反省。首先，要保持冷静，不要过于激动或愤怒。稳定的情绪有助于理性思考和有效沟通。然后寻找机会进行直接而真诚的对话，通过面对面的交流，解释自己的真实意图，澄清可能存在的误解。学会倾听对方的观点，理解对方的感受，以建立更好的沟通基础。尽量避免产生让人误解的言行，注意维护良好的人际关系。如果误解涉及谣言或不实信息，可以选择在适当时机澄清事实真相，向对方提供准确的信息。另外，培养自我反省的习惯，审视自己的行为是否存在可能引起误解的地方。不断改进自己的沟通技巧，提高人际交往能力，有助于避免未来误解的产生。

总的来说，解决同学误解的关键在于真诚地沟通，以及通过积极的行为树立良好的形象。通过这些努力，可以逐步改善同学们的看法，建立更健康、积极的人际关系。

（孙 莹）

14. 对成绩优异的同学有**嫉妒心**是否正常

关键词：嫉妒　羡慕

对成绩优异的同学产生嫉妒心是一种正常的心理现象，关键在于如何理解和处理嫉妒心。

专家说

处在群体社会中，必定常会与人互动。有互动，自然就有"比较"，比较之后看待与他人之间差距的方式，也会连带影响与他人相处的态度，以及后续的行动。羡慕常常表现为对他人的赞美和祝贺，并对他人取得的成就或拥有的东西进行积极评价。嫉妒则表现为对他人的嫉恨、不满或者攻击性的评论，以及对他人取得的成就或拥有的东西的负面评价。羡慕通常会激发人们努力奋斗，以实现自己的目标，可以促进个人的成长和进步，带来积极的动力和能量。嫉妒通常会导致负面情绪的积累，影响个人的心理健康和人际关系，降低自尊心。

对成绩优异的同学产生嫉妒涉及多种因素，这是心理学上常见的现象。首先，嫉妒可能源于自我价值感的不足，一些同学可能会把自己的价值与成绩挂钩，当看到其他同学在学业上取得显著成绩时，会觉得自己不够优秀，从而产生嫉妒心理。其次，嫉妒别人的成绩可能是因为渴望得到更多的认可和关注，有这种思想的同学认为优异的成绩通常会受到老师和家长的表扬，嫉妒成绩优异的同学可能是一种寻求注意和认可的方式。最后，家庭背景和个体的差异以及个人价值观也可能影响嫉妒心的产生。有些同学的家庭可能对成绩有着过高期望，而这种期望可能造成他们对成绩优秀同学的嫉妒。同时，个体的性格、自尊心和对成功的定义等方面的差异也会影响嫉妒心理的表现。

健康加油站

当对成绩优异的同学产生嫉妒心时，要理解这是一种自然的情感，内心的焦虑与愤恨产生的反射情绪是大脑自动产生的信号，并不代表人格很糟糕，也不代表这是仇视自己的朋友，提醒自己，不必因为心生嫉妒而自责。学会正视自己，将嫉妒转化为羡慕，进而将其转变为自己学习与前进的动力。首先，要深入了解自己的情感，探索嫉妒感背后的原因，是因为对方的成绩，还是因为自己的不安全感，这样才可以更好地理解自己的需求和不安。其次，建立积极的心态，将嫉妒心转化为积极的动力，以激励自己更加努力学习，专注于自己的成长，而非过度关注他人的成功。与此同时，与优秀同学建立伙伴关系，学习他们身上积极的品质。另外，及时与朋友、家人或老师沟通，分享感受，他们的建议、鼓励、理解和支持有助于更好地处理嫉妒情绪。最重要的是，不要过分自责。每个人都有不同的优点和弱点，我们要关注自己的成长与进步，而非过度比较，这样才能健康成长。

（孙 莹）

15. 为什么良好的**师生关系**很重要

关键词：师生关系　融洽相处

师生关系是校园生活中最基本、最重要的关系。良好的师生关系建立在相互尊重、信任和理解的基础上，不仅有助于学生规范行为准则，而且对学生的个性、价值取向、性格特征等的形成和发展都能发挥很大的作用。这种关系直接影响教育的效率，有助于学生顺利完成学习任务。

专家说

良好的师生关系对老师和学生都有积极深远的影响。首先，良好的师生关系有助于创造积极的学习氛围。在这种氛围下，学生更愿意参与课堂活动，提高学习兴趣。其次，良好的师生关系促进了学生的个人发展。教师的关心和支持能够提高学生的自尊心和自信心，促进他们尝试新事物，培养解决问题的能力。这种个人发展不局限于学业，还涉及社交和情感层面。良好的师生关系有助于提升教学效果。老师通过深入了解学生的需求、兴趣和学习风格，能够更有针对性地设计教学内容和方法，提升教学的有效性，使学生更好地理解和掌握知识。此外，师生之间的互信和尊重是心理健康的重要支持系统。在学生面临压力和挑战时，老师的支持和理解可以帮助他们更好地应对，缓解焦虑，解决情绪问题。

> 总而言之，良好的师生关系不仅可以促进学生学业上的成功，也可以培养学生更全面的素养和社交能力。对教师而言，建立良好的师生关系也是一种专业成就和教育责任的体现。

健康加油站

与老师融洽相处是构建良好学习环境和促进个人发展的关键，学生要学习如何与老师融洽相处。首先，尊重老师是建立良好关系的基础。学生应该尊重老师的专业知识、教学经验和职业精神，理解老师的教导是出于对学生的关爱和责任，学生应该维护良好的课堂秩序，避免对老师的工作造成干扰。其次，要积极参与课堂活动，如积极回答老师提出的问题、学会参与课堂讨论，认真完成作业，表现出对学习的积极态度，赢得老师的认可，建立互信关系。学生还可以通过主动沟通来促进与老师的关系。在遇到学习或生活上的问题时，要勇于向老师请教并接受建议。另外，要保持开放的心态接受老师的批评与指导，在与老师交往的过程中，勇于表达自己的看法和想法。通过这些方式，学生能够主动与老师建立良好关系，为个人学习和身心健康全面发展奠定坚实基础。

（孙 莹）

16. 与同学**吵架**后，如何**和解**

关键词：吵架　和解

吵架是一种人际冲突的表现，通常由意见分歧、情绪激动、误解等原因引起。当与同学吵架，尤其是认为不是自己的错时，需要冷静地进行沟通，有效处理矛盾，这有助于建立更健康、更稳固的关系。

专家说

与同学吵架可能导致一系列不良影响，包括对友谊和个人的心理健康产生负面影响。首先，吵架可能破坏同学之间的信任和友谊的稳定性，使同学关系陷入紧张和不稳定的状态。这可能导致双方感到疏远，难以恢复到原有的亲密度。其次，吵架可能导致情感受伤，让双方感到沮丧、愤怒和失望。这些负面情绪可能对个人的心理健康产生长期影响，增加焦虑和抑郁的风险。此外，吵架可能使友谊陷入恶性循环，导致更频繁的冲突和争执。这种情况下，同学之间可能逐渐疏远，最终导致关系破裂。吵架还可能波及社交关系，朋友圈内的其他人可能会受到影响。朋友之间的冲突可能引发其他人的不安，使整个社交网络受到影响。

为避免这些不良影响，要采取妥善的方式解决问题，例如学会冷静和理性地处理冲突，使用有效的沟通技巧，尊重对方的观点。保持友谊的稳定和健康需要双方的共同努力和相互理解。

三　建立良好人际关系，促进个人健康成长

健康加油站

控制情绪、建立良好的沟通渠道、尊重差异和及时解决问题是避免与同学吵架的有效途径，也是维护友谊、建立健康的人际关系的重要保证。

第一，学会控制情绪，避免冲动行为。在情绪高涨时，暂时远离冲突的环境，给自己一些冷静的时间。冷静思考问题，避免用激烈言辞或攻击性语言对待朋友，有助于避免因一时冲动而引发争吵。第二，建立开放且相互尊重的沟通渠道是关键。及时分享感受、需求和期望，以平等和尊重的态度倾听对方的意见，有助于消除误解。第三，注重尊重和包容。每个人都是独特的个体，有自己的观点和价值观。应做到尊重人与人之间的差异，不强求对方接受自己的观点。第四，及时沟通解决潜在问题。当发现有矛盾或不满时，及时沟通并寻求解决方案，有助于避免将矛盾升级为吵架。

（孙　莹）

四

直面心理困扰,
适时寻求帮助

17. 心情不好的时候可以找谁倾诉

关键词

倾诉 情绪出口

倾诉是一种表达情感、寻求支持和共鸣的重要途径。在心情不好时，可以向父母、老师、朋友、心理咨询师等倾诉，合理地宣泄情绪，感受来自他人的支持，并找到解决问题的途径。

专家说

心情不好时，可以采取以下方式宣泄情绪，获得支持。

（1）**向父母倾诉**：父母是孩子的"第一倾诉人"，拥有更多的人生经验和阅历，会站在孩子的立场看待问题，提出自己不同的想法。儿童青少年心情不好时和父母一起讨论，往往能得到直接解决问题的办法。

（2）**向亲密的朋友倾诉**：朋友一般是关系密切的同学或同龄人，彼此生活的主要时期相同，能够相互理解，具有较多的共识，因此，向朋友倾诉容易达成共情，更能感受到被理解、被接纳。

（3）**向老师倾诉**：学生大多数时间都在学校度过，和老师相处时间久，交流也更频繁。一位值得信赖的老师也是很好的倾诉对象。他们通常有更多的经验和知识，可以帮助学生处理问题。

（4）**向专业人员倾诉**：心情不好时也可以寻求专业心理工作者的帮助，如学校的心理教师，专业心理咨询师。从专业能力来说，他们能够做到理解、接纳和共情，同时利用专业知识对倾诉者的情况作出准确分析，进行专业的疏导和安抚。出于职业操守，他们会保守倾诉者的秘密。

健康术语

学校心理咨询：是一种为学校师生提供心理健康服务和支持的专业服务，旨在帮助学生克服心理困扰、改善情绪状态、提高个人成长，从而更好地应对学习、人际关系和生活中的挑战。学校心理咨询通常由经过专业培训的心理咨询师或心理学专业人员提供。

（孙 莹）

18. 学生进行**心理训练**可以缓解心理困扰吗

关键词　心理训练　主动参与

心理训练能有效帮助学生认识自我、减轻压力、提升自信心，同时有效解决学生心理出现的多种问题，在促进学生整体发展和提高适应力方面发挥着重要作用。心理训练的过程强调学生主动参与、了解自己并通过自我管理自助缓解心理困扰。

专家说

首先，心理训练通常会训练学生进行自我认知与反思，让学生能够深入思考自己的情绪和思维模式。通过观察自己的情绪反应，学生能够更好地理解在面对挑战时产生的不良反应，并逐步调整这些反应。在日常生活中，学生也能将这一技巧应用于生活中的任何情境。其次，在心理训练中，学生还能学习应对技能，掌握处理挑战和压力的有效方法。这些技能不仅对当前的困扰有帮助，还能够在应对未来的挑战中发挥积极作用。此外，放松技巧，如深呼吸和冥想也是心理训练的内容之一。这些易操作的技巧有助于学生减轻焦虑和压力。通过在日常生活中融入这些技巧，学生能够更好地保持身心平衡。心理训练也会涉及健康生活方式养成的内容，如定期锻炼和良好的睡眠。体力活动和充足的睡眠对于心理健康具有积极的影响。

健康加油站

心理训练的过程强调学生自我参与、自我认知并通过学习应对技巧、放松技巧等来进行自我管理，以便更好地理解和应对学习和生活中遇到的各种心理困扰，提高心理韧性，创造更积极的学习和生活环境。当前，很多学校的心理训练显示出了其对帮助学生自助缓解心理困扰的有效性，如基于正念的心理训练。尽管心理训练是一个强大的工具，但需要注意的是，对于一些长期存在心理问题或存在严重心理问题的学生，学校开展的心理训练能提供的帮助可能很少，需要心理健康专业人士提供更深入的评估和支持，确保学生能够获得最适当的援助。

（孙 莹）

19. 参加**团体心理辅导**就意味着自己心理不正常吗

团体心理辅导是一种以小组的形式进行的心理训练，小组成员可以分享彼此的经验、感受和问题，并在专业人员的引导下进行讨论和反思。需要强调的是，参与团体心理辅导并不意味着个体心理不正常。

专家说

首先，需要明确一个人存在心理问题或困扰并不意味着心理不正常，每个人都会在生活中经历各种各样的挑战和应激事件，心理问题或困扰只是应对这些挑战和应激时的正常反应。

其次，参与团体心理辅导的目的可以是多种多样的，不一定是缓解严重的心理问题或困扰，可以是因为生活中的一时困扰，希望得到情绪上的支持和启发，可以是通过这种方式建立人际关系，也可以是通过这种方式找到更有效的解决途径，或是促进心理健康，培养正向心理习惯等。

关键词：团体心理辅导 心理促进

此外，团体心理辅导的核心价值在于共享和互助。在小组中，成员们可以找到共鸣和理解，意识到自己并不孤单。这种共情和连接有助于打破个体的孤独感，促使成员更好地理解自己的心理状态。正是通过这种共同体验，个体能够更好地认识自我，不仅有助于解决当前的问题，还能够提升个体的心理韧性。

健康术语

心理治疗： 是一种由经过专业培训的心理学专业人士提供的心理健康服务。其目标是通过系统性的治疗，帮助个体解决心理问题、改善心理健康状态，以及提升生活质量。心理治疗的方法和技术多种多样，常见的包括认知行为疗法、心理动力学治疗、人际关系治疗、解决问题治疗等。

（孙　莹）

20. 心理咨询师会不会把我的秘密泄露出去

关键词： 心理咨询师　信息泄露　职业道德

心理咨询是一种基于信任和保密原则开展的服务，心理咨询师是受到专业标准和伦理规范、法律和职业道德约束的专业人士，致力于解决我们的心理问题，并会保护我们的隐私。建立在互信基础上的咨询关系有助于确保咨询者能够安心地分享自己的感受和经历，而不必担心信息的泄露。

专家说

首先，心理咨询师通常受到法律法规的规范，这些法律法规保护客户的隐私权，强调了对咨询者隐私的尊重和保护。这意味着心理咨询师在未经来访者同意或法律要求的情况下，不得向第三方透露来访者个人信息。《中国心理学会临床与咨询心理学工作伦理守则》对此做出了明确的规定。

其次，心理咨询师的职业道德要求他们在与咨询者建立关系时明确和讨论保密性政策，确保咨询者了解信息的处理方式。这种透明性对于建立信任和创造舒适的咨询环境非常重要，咨询者在知道自己的信息会得到妥善处理的情况下会感到安全，更愿意敞开心扉，与心理咨询师分享敏感的信息。

然而，这种保密原则也有例外，《中国心理学会临床与咨询心理学工作伦理守则》中也规定了保密原则的应用限度，以及需要突破保密原则的三种情况：①心理师发现来访者有伤害自身或他人的严重危险；②未成年人等不具备完全民事行为能力的人受到性侵犯或虐待；③法律规定需要披露的其他情况。

健康加油站

在咨询的过程中，学生可以通过以下方法保护自己的隐私权：选择一位经验丰富、受过正规培训并具备良好声誉的心理咨询师，并与其建立良好的信任关系；充分了解隐私政策，确保个人信息只用于解决心理问题，并且及时询问心理咨询师有无适当的安全措施来保护隐私，例如签订保密协议，明确约定双方对个人信息保密和保护的责任和义务；持续对心理咨询服务进行监督，确保咨询过程中没有个人信息的泄露。如果对心理咨询师的行为有任何疑虑，应及时反馈给相关机构，例如，如果医院的心理咨询师出现了不当行为，可以向当地的卫生健康委进行投诉，如果是学校的心理咨询师侵犯了我们的利益，可以向当地教育行政部门进行投诉；或选择匿名咨询方式，避免直接提供个人身份信息。

（孙 莹）

21. 哪些"信号"提示我们需要寻求心理帮助

关键词：寻求帮助 早期识别

每个人都是自己健康的第一责任人。健康既包括身体健康也包括心理健康。当我们出现心理困扰，需要寻求心理帮助时，通常会出现一些"信号"。这些信号可以是情绪、行为、生理或认知等多个方面的变化。我们需要掌握一定的基础知识来帮助我们识别在日常生活以及学校环境中提示我们需要寻求心理帮助的"信号"。

专家说

当出现以下几方面的"信号"时,可能需要寻求心理帮助。

(1)生理方面:发生睡眠问题和食欲变化可能提示心理问题已经影响到了日常生活,如出现持续2周以上入睡困难、早醒、多梦、睡眠途中易醒,或者睡得太多,或出现持续2周以上食欲改变较大,吃得太少,或吃得太多,或出现头痛、背痛、消化问题等生理症状,但医学检查未发现明显问题,可能与心理健康有关。

(2)认知方面:出现上课和做作业时难以集中注意力,容易走神,日常生活中记忆力衰退,判断力差,平时做事优柔寡断,难以做出决定等情况,可能提示个体的心理健康状态受到影响。

(3)情绪方面:如果个体经历了情绪的极端波动,如持续的沮丧、焦虑、愤怒或无助感,或对学习和生活中出现的一些问题比以往更容易生气或烦躁,充满了焦虑、担忧、恐惧、害怕的心情,或常常没有缘由地感到悲伤,觉得很多事情没有希望,情绪低落、消沉,而这些情绪不容易缓解,可能需要专业心理帮助。

(4)行为方面:出现学习表现变差,逃课或不交作业,玩游戏时间过长,影响作息和学习,对往常感兴趣的事物都不再感兴趣了,多数时间无聊发呆等情况,可能提示心理健康方面出现问题。对社交活动的兴趣降低也是需要关注的迹象。

如果出现更严重的问题如出现自伤行为、自杀想法或者对生命失去信心的迹象,需要立即向专业的心理健康机构寻求帮助。

关键词 心理危机 求助

健康加油站

当我们发现这些"信号"长时间伴随我们,并且影响到了日常的学习和生活时,我们需要提高警惕和自我关照,及时寻求心理帮助。首先,可以寻找身边的家人、朋友、同学或老师等可信赖的人,与他们分享自己的情感和困扰。这些人可以给予我们理解、支持和建议,帮助我们缓解情绪压力。其次,还可以利用学校心理咨询服务寻求心理帮助,预约学校心理咨询师进行面对面的咨询,或者参加学校组织的心理健康活动。最后,如果通过上述方法都难以缓解心理困扰,可以在家长或老师等值得信任的人的陪同下寻求专业的心理咨询师的帮助。

(孙 莹)

22. 出现了心理危机可以求助于哪些专业人员

心理危机是指个体遇到了突发事件或面临重大挫折和困难,既不能回避又无法用自己的资源和应对方式来解决困难时所出现的一系列心理反应。在学习和生活中,心理危机可能会突然而来,例如突发地震和台风等自然灾害或家人出现交通事故等事故,让人感到无助和困惑。在这个时候,寻求专业的心理健康支持是至关重要的。心理咨询师、精神科医生、学校心理健康服务团队、心理健康热线或紧急服务都能够提供帮助、支持和指导，帮助学生们度过心理危机。

专家说

学校通常配备有心理健康服务团队专门为学生提供心理支持服务，包括专职心理教师和其他专业人员，他们了解学校环境和学业压力，能够更好地理解学生们的处境。前往学校心理健康服务中心是一种快速获取帮助的途径。

心理咨询师或心理治疗师受过系统的培训，能够提供一对一的心理咨询服务。在与他们的交流中，学生们可以自由表达内心的感受，共同探索问题的根源，并学会更健康的应对方式。心理治疗通常是在一个安全、支持性的空间，可以帮助学生们理解自己，找到解决问题的途径。

精神科医生一般是医学院相关专业毕业，擅长精神科诊断并且有处方权，可使用药物来做治疗，如果学生们感觉自己的情绪问题可能涉及生理层面，可以前往医院精神科或精神专科医院寻求精神科医生的帮助。

在紧急情况下，可以拨打心理健康热线或求助紧急服务。这些服务通常24小时提供支持，能够及时回应危急情况。如果学生感到自己处于危险之中，或者有紧急需求，可以即时寻求这些专业服务的帮助。

健康加油站

　　无论选择哪种专业支持，重要的是要认识到寻求帮助是一种勇气和智慧的表现。心理健康问题并不是个体软弱或缺陷的体现，而是生活中可能出现的一种正常现象。只有在心理健康的基础上，我们才能更好地迎接生活的挑战。专业人员有着丰富的经验和专业知识，能够提供针对个体独特情况的有效帮助。在迈向心理健康的道路上，专业支持是帮助我们的强大力量。

（孙　莹）

五

珍爱生命，
享美好人生

23. 生命是如何诞生的

孩子的生命，始于一个微小的细胞，孕育的过程充满了未知和偶然，诞生的过程既有艰辛又有喜悦，每一个生命都是一个奇迹，值得珍惜和尊重。

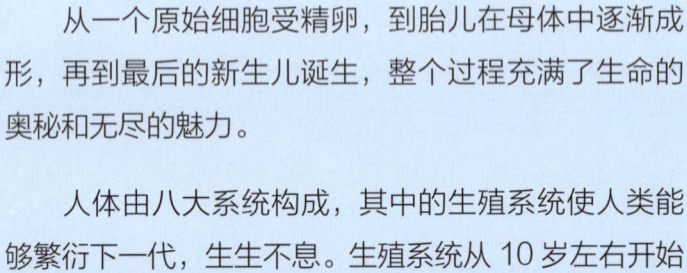

关键词：生命 诞生 怀孕

专家说

从一个原始细胞受精卵，到胎儿在母体中逐渐成形，再到最后的新生儿诞生，整个过程充满了生命的奥秘和无尽的魅力。

人体由八大系统构成，其中的生殖系统使人类能够繁衍下一代，生生不息。生殖系统从10岁左右开始发育，经过10年左右的时间，逐渐发育成熟。当男性出现遗精，女性出现月经初潮时，生殖系统虽然还没有完全发育成熟，但是男性的生殖器官能够产生精子，女性的生殖器官能够产生卵子。如果精子和卵子在适当的条件下相遇，卵子受精成为受精卵，新生命就开始了。每个精子中包含23条染色体，核型为23X或23Y。每个卵子包含23条染色体，核型均为23X。受精卵包含46条染色体，核型为46XY（男性）或46XX（女性），一半来自父亲，一半来自母亲，因此，子女具有父母双方的遗传特性。

受精卵不断进行分裂，形成胚泡后落到妈妈的子宫里住下。想象一下，一个小小的受精卵如何在母体

的滋养下，逐渐分裂、成长，从一个肉眼看不见的细胞，变成一个有心跳、有四肢、能感知世界的生命。这个过程需要数百万次的细胞分裂和无数次的基因表达，每一步都充满了未知和可能。大约经过 40 周的时间，胎儿发育成熟，通过妈妈的阴道娩出，"哇"地大哭一声，一个崭新的生命就此诞生。

在生命孕育和诞生的过程中，母亲起着至关重要的作用。不但为胚胎发育提供营养和生长环境，母亲身体还会发生一系列的变化，包括激素水平的变化，以适应胚胎生长需要。分娩过程的痛苦与喜悦，同样凝聚了伟大的母爱。

了解生命的孕育和诞生，让我们更加明白生命的来之不易，每一个生命都值得被珍惜和尊重。作为青少年，我们应该学会珍爱自己的生命，同时也要尊重他人的生命。

（朱广荣）

关键词

美好生活观　培育

24. 为什么儿童青少年要培育正确的**美好生活观**

美好生活观是指人们在长期生活过程中形成的对"何谓美好生活"以及"如何实现美好生活"等问题的总的看法和根本观点。具有正确的美好生活观，不但有助于儿童青少年热爱生命，珍爱健康，心态平和，积极乐观，促进个人美好生活的实现，还有助于推动社会的进步和发展，推动人民美好生活的实现。

专家说

何谓美好生活？不同的人对美好生活的理解不同。美好生活的内涵包括三个维度：主观体验、愿望实现和客观要素。主观体验，指的是个体主观上的积极的心理体验，如快乐、愉悦、满足等。愿望实现，指的是一个人拥有合理的愿望或目标，并积极采取行动去实现愿望。客观要素，指的是美好生活需要具备的客观上的一些元素，如健康、安全、友谊、道德、人格完善等。三个维度中，主观体验是美好生活的核心。主观体验不好，即使心怀理想，并能持续奋斗，所有客观要素都具备，但依然不会感觉美好。

如何实现美好生活？从美好生活的三个维度来思考，主观体验是核心。在实现美好生活的道路上，不但需要重视客观要素，重视物质性需要和社会性需要，还需要重视精神性需要，重视主观体验。因此，儿童青少年需要认识到，美好生活的实现离不开丰富的内心世界和积极的主观体验。培养和建设自己强大的内心世界，深刻感受生命的价值和意义，放眼世界和未来，树立远大理想，积极应对眼前的困难和挫折，在艰苦奋斗克服一个又一个难题的过程中，不断获得成功的喜悦，增强自尊自信，感受生活的美好。家庭、学校、社会，也需要共同努力，重视儿童青少年的内心世界和主观感受，在鼓励他们为未来踔厉奋斗的同时，还需要重视他们的主观体验，要让他们有机会去感受快乐、感受被欣赏、感受成功和内心满足等积极情感，从而更好地实现他们儿童青少年时代的美好生活，使他们能够成为时代发展的中流砥柱，更好地推动人民美好生活的实现。

健康加油站

有人认为美好生活就是无拘无束，不用承担任何责任和压力。这种美好生活观是错误的。它不仅会使儿童青少年失去寻找人生价值和意义的动力，还会导致他们产生错误的认知和极端的行为，阻碍他们美好生活的实现。

（朱广荣）

关键词 珍爱生命 做法

25. 儿童青少年应该如何**珍爱生命**

生命是世界上最神奇的存在之一。拥有生命，就拥有了展现才智和创造力的机会和希望。但是，生命只有一次。死亡的存在，时刻提醒我们要珍爱生命。不仅要珍爱自己的生命和健康，还应珍爱其他人的生命和健康。

专家说

虽然每一个孩子都是父母孕育的,但每一个孩子的人生旅程各不相同。关于生命,儿童青少年应该具备以下的基本认知。

(1) 生命只有一次,人死不能复生。

(2) 健康是可以创造的,也是可以被毁掉的,要珍爱生命、维护健康。

(3) 生命的过程就是一个与时间和环境不断博弈的旅程。

(4) 生命存在很多不完美。世界上没有完全相同的两片树叶,每个人都是遗传基因和环境因素综合作用的独一无二的结果,都有长处和短处,自己和他人都有不完美。

(5) 生命来之不易。要感恩给予自己生命的父母,感恩每一个努力工作的身体细胞,感恩丰富多彩的生活带来的大大小小的快乐。

(6) 每一个人都是自己人生旅程的第一责任人。

因此,每一个儿童青少年都应该珍爱生命,维护健康,具体应该做到以下几点。

(1) 任何时候不轻言放弃生命。不被任何困难所打倒,坚韧不拔,艰苦奋斗。

(2) 多参加社会实践,体验不同的人生。

(3) 不断提高心理承受和社会适应能力。通过观察、思考和实践,正确认识自己和理解他人,有效管理压力和调节情绪,进行有效交流和建立良好人际关系，培养创造性思维和评判性思维能力，提高做决定和解决问题的能力，从而有效应对生活中的各种需要和挑战。

（4）养成健康生活方式。坚持锻炼，饮食均衡，保持充足的睡眠和平和的心态，远离烟酒、毒品和不安全性行为等危害健康的行为，远离各种伤害。

（5）树立正确的美好生活观。树立远大理想，为社会的进步，为人民的美好生活，刻苦学习，不断努力奋斗，实现自己的人生价值。

（6）遵纪守法，和谐自然。珍爱自己，亦珍爱他人，珍爱大自然的一切美好。

（朱广荣）

关键词：学习成绩　人生价值

26. 为什么说**学习成绩**与**人生的价值**不能画等号

每个人都是生命的延续和传承，都拥有独特的人生轨迹和生命体验。从这个角度来看，不管学习成绩是好是坏，每个人的生命都具有其独特价值，绝对不能将学习成绩和人生价值画等号。

专家说

人生的价值是多维度的。一个人的价值由他的品德、情感、人际关系、社会贡献等多个方面来决定。学习成绩只是评价学生学习收获的一个指标，并不能代表一个人的全部品质和能力。

人生的价值是深层次的。无论一个人的成绩如何，只要他有理想、有追求、有坚持，就能赋予生命更大的意义。每个人都可以在自己的领域内追求卓越，实现自己的梦想，为自己和他人带来希望和信任。

但是，并不是说读书无用。知识就是力量，科学技术是第一生产力。随着现代科技的高速发展，社会发展越来越离不开科学知识的掌握和创新创造。努力学习，不断提高知识和才干，才能让生命焕发出更加耀眼的光芒，也是新时代每个儿童青少年的使命担当。

健康加油站

每个人都希望自己的生命能够闪耀光彩，学习成绩只是衡量知识掌握程度的一个方面，而真正重要的是要探寻和感受生命的独特价值和深远意义。如何让自己的人生闪耀光彩？

（1）挖掘潜力，发挥特长。每个人都有着自己独特的思维方式、兴趣爱好和潜在的才能。充分挖掘和发展自己的潜能，扬长避短，就能为自己的生命赋予更多的意义。

（2）帮助他人，贡献社会。无论一个人在学业上是否取得好成绩，只要他能为他人带来快乐、帮助他人解决问题、改善社会环境，他的生命就有了更深层次的宝贵价值。

（3）积极乐观，艰苦奋斗。面对逆境，看到希望和更多的可能性，创新思维，艰苦奋斗，做自己人生旅程的主控人。

（4）倾听内心，坚定信念。树立远大理想和信念，积蓄心灵力量。心灵力量是点亮生命光彩的关键，信念是面对逆境时不屈不挠的基石。

总之，每个人都可以焕发自己生命的光彩，每一个人的生命和价值都值得尊重。

（朱广荣）

27. 为什么儿童青少年要有**感恩之心**

感恩之心是指对他人给予自己的帮助和爱，怀有深深的感激之情，包括感恩父母，感恩老师，感恩同学，感恩社会，等等。

关键词

感恩之心　作用

专家说

如果心存感恩，就会更加珍惜他人的恩情，更加能够体会生活中的美好和拥有幸福感，从而更加乐观和开心地面对生活，这对人生的发展会有很多积极作用。

（1）会更加珍爱自己所拥有的一切，少抱怨，多宽容：爱护自己的身体和生命，孝敬父母，尊敬老师和长辈，愿意回馈社会，为社会的进步和人民的美好生活而奋斗，将个人的美好生活与人民的美好生活联系在一起。

（2）会更加积极向上：感恩之心会使人的内心充满力量，感觉自己的人生不是孤单之旅，从而会更加积极，正确应对压力和焦虑，在面临困难和挑战时积极寻找最佳解决方案。

（3）会更加具有良好的人际关系：感恩之心会使人愿意奉献和关心他人，有利于建立与他人之间的信任和与他人进行互动，构建起和谐的人际关系。在校园里，学生之间的友谊会更加真挚，师生之间的关系会更加和谐。

（4）会更加珍惜学习机会：感恩之心会使人愿意回馈社会，从而激发学习兴趣和动力，使人希望自己能成为有用之人，实现自己的人生价值。

（5）会增加被帮助和获得成功的概率：相对于不懂感恩者，感恩者的言行会使帮助过他的人更愿意再次相助，从而增加获得成功的概率。

健康加油站

儿童青少年在不断成长的道路上，离不开父母的养育，离不开老师的教导，离不开同学朋友的理解、支持和陪伴，离不开社会的公平正义和资源。因此，每一个人都应该对父母、师长、同学朋友、社会支持等心存感恩。

感恩之心不仅体现了一个人的情感态度，更是一种积极向上、关爱他人的人生观和价值观。心理学家普遍认同这样一个规律：心的改变会使态度跟着改变，态度的改变会使习惯跟着改变，习惯的改变会使性格跟着改变，性格的改变会使人生跟着改变。所以，有一颗感恩的心，处事态度就会改善，会带动良好的习惯和性格，进而收获美好的人生。

（朱广荣）

人物关系介绍

健健　　　　康康

爸爸　　妈妈　　　　　　　　奶奶　　爷爷

专家　　男医生　女医生

人物关系介绍

版权所有，侵权必究！

图书在版编目（CIP）数据

学校的健康密码 / 宋逸，马军主编 . -- 北京 ：人民卫生出版社，2024. 7. --（相约健康百科丛书）. ISBN 978-7-117-36607-6

I. G479

中国国家版本馆 CIP 数据核字第 20249BG099 号

人卫智网	www.ipmph.com	医学教育、学术、考试、健康、购书智慧智能综合服务平台
人卫官网	www.pmph.com	人卫官方资讯发布平台

相约健康百科丛书
学校的健康密码
Xiangyue Jiankang Baike Congshu
Xuexiao de Jiankang Mima

主　　编：宋　逸　马　军
出版发行：人民卫生出版社（中继线 010-59780011）
地　　址：北京市朝阳区潘家园南里 19 号
邮　　编：100021
E - mail：pmph @ pmph.com
购书热线：010-59787592　010-59787584　010-65264830
印　　刷：天津市光明印务有限公司
经　　销：新华书店
开　　本：710×1000　1/16　　印张：23
字　　数：298 千字
版　　次：2024 年 7 月第 1 版
印　　次：2024 年 8 月第 1 次印刷
标准书号：ISBN 978-7-117-36607-6
定　　价：75.00 元

打击盗版举报电话：010-59787491　　E-mail：WQ @ pmph.com
质量问题联系电话：010-59787234　　E-mail：zhiliang @ pmph.com
数字融合服务电话：4001118166　　　E-mail：zengzhi @ pmph.com